VERA ALBRECHT

FEIND-
BERÜHRUNG
DIE RUSSISCHEN SIEGER IN BERLIN

FRAUEN
BERICHTEN

DAS NEUE BERLIN

INHALT

WAS MIR AUF DER
SEELE BRENNT

Nein, nein, nein, so ist das alles nicht gewesen, ich habe das ganz anders erlebt!

Geschichte ist ein Mosaik von Ereignissen, die jeder auf seine eigene Weise wahrnimmt und auf seine eigene Weise an die Nachkommenden weitergibt.

Achtundsechzig Jahre nach Ende des Zweiten Weltkriegs hat das Geschichtsbild noch immer weiße Flecken. Widersprüchliche Aussagen und Statistiken, zweifelhafte Angaben lagern sich in Schichten darüber, und bisweilen wird mir bange, was wir der Nachwelt hinterlassen. Vor lauter Massenvergewaltigungen ist nicht mehr zu erkennen, wer uns vom Faschismus befreit hat.

Durch die Medien geistern Berichte, Dokumentationen, beeindruckend, erschütternd, ja, aber wie oft ist es nur die halbe Wahrheit.

Ich beschloss, auf die Suche nach der Wahrheit zu gehen, dort, wo ich mitreden kann und befugt bin, weil ich nicht nur Zeuge, sondern auch Opfer jener Zeit wurde.

Ich wollte Frauen befragen, wie es denn bei ihnen war, als sie dem Feind begegneten. Ich dachte zunächst an meine frühere Schulklasse und verschickte einen Rundbrief an vierundzwanzig mir noch erreichbare einstige Mitschülerinnen, die bis 1943 die Mittelschule in Berlin-Niederschöneweide, Hasselwerder Straße, besucht hatten.

Mir schien die Wahl günstig, weil die Mädchen alle aus den Stadtbezirken Treptow und Köpenick kamen, also mitten im Hexenkessel saßen. Am 24. April 1945 hatte die

5. sowjetische Stoßarmee den Stadtteil Köpenick erreicht und stand an der Spree – gegenüber, am anderen Ufer, die deutsche Wehrmacht. Köpenick war also Kampfgebiet. Auf dem Schöneweider Marktplatz heulten die Stalinorgeln.

Ich konzentriere mich auf diesen speziellen Kampfabschnitt in Oberschöneweide, und die meisten Berichte stammen somit aus diesem Gebiet.

Die Frauen haben mir ihre Geschichte erzählt, diktiert, selber geschrieben. Es sind schlichte, knappe Schilderungen des Erlebten, manche ergreifend, manche bedrückend, aufschlussreich alle, wertvoll und wichtig, weil ehrlich und in der Erinnerung der Frauen die Wahrheit bis ins Detail – Mosaiksteine, die helfen, damit wir den nach uns Kommenden ein wahrhaftes Bild des Vergangenen hinterlassen.

Vera Albrecht

KASCHA

In den ersten Maitagen 1945. Agnes rannte in klappernden Jesuslatschen die Gartenwege entlang zum »Spreeschloss« und schwenkte dabei die Aluminiumkanne mit dem eingeritzten Namen in der Hand. Wie ein Lauffeuer hatte sich in der Laubenkolonie die Kunde verbreitet, an der Baumschulenweger Fähre teilt der Russe Essen aus. Als Agnes jedoch am Spreeufer ankam – kein Russe, keine Gulaschkanone mehr. Enttäuscht drehte Agnes eine kleine Runde auf dem Kopfsteinpflaster vor dem Bootssteg, den Blick zu Boden gerichtet, als würde doch noch etwas Essbares aus den Steinen wachsen. Indes kam ein kleiner, rundlicher Russe gemächlichen Schritts aus dem Gartenrestaurant von Otto Hühne und sprach sie auf Deutsch an. Agnes klagte ihm ihr Missgeschick, denn sie hatte ja keine Angst vor den Russen, hatte sie als Befreier erwartet. »Kannst mitkommen, Mädel, ich weiß, wo es Essen gibt«, sagte der Rotarmist in ostpreußischem Tonfall. Agnes trottete hinter ihm her bis zu Zielinskis ehemaligem Tante-Emma-Laden an der Ecke Nalepastraße, dann ging es nach links, nicht weit, bis zu einer Laube auf der rechten Seite, die ihren Eingang an der Hinterfront hatte.

»Bisschen warten«, sagte der Rotarmist kurz, drückte Agnes auf einen blaulackierten Stuhl am Küchentisch und verschwand.

Bisschen warten dauerte wirklich nicht lange. Nacheinander drängten mehrere Soldaten und Offiziere in die Laube, einer schleppte einen kleinen Essenkübel und stellte ihn auf dem Schemel am Herd ab. Natürlich interessierten sich die Männer für das junge Mädchen und sparten nicht mit neugierigen Blicken. Der kleine Dicke klärte die Lage schnell, langte nach einem Schöpflöffel, der am Haken über dem Kohleherd hing, kellte einen Pamps in die Milchkanne, randvoll, und schob sie Agnes über den Küchentisch zu. »So, Mädel, nun geh!« In diesem Augenblick packte einer der Offiziere Agnes fest am Oberarm, zog sie vom Stuhl hoch, redete auf sie ein und führte sie in den Nebenraum. Agnes verstand ihn nicht, wusste nicht, was er von ihr wollte. Erst als er die Tür schloss und sie auf die Kissen der unteren Etage eines Doppelstockbettes schubste, da kapierte sie, was die Stunde geschlagen hatte – eine Stunde, die sie sich trotz ihrer zahlreichen Verehrer immer für den einen aufheben wollte, den sie mehr als alle anderen mochte. Für diese Milchkanne voller Kascha zahlte Agnes nun einen viel zu hohen, schmachvollen Preis …

Wenn sie später daran zurückdachte, an ihre Arglosigkeit und Naivität – immerhin war sie achtzehn gewesen –, dann kam es ihr so vor, als hätte nicht sie das Unfassbare erlebt, nein, sie stand außer sich, sah in der Erinnerung ein fremdes Mädchen da auf dem Bette liegen.

Der Kascha war vorzüglich, mit viel Büchsenfleisch, Agnes' ausgehungerter Vater aß bedächtig, Löffel für Löffel, kostete jeden Bissen aus. Agnes jedoch, den Tränen nahe, würgte und würgte, als sei ihr der Hals zugewachsen.

Agnes, geboren 1927

DIE FAHNE

In der Nacht vom 23. auf den 24. April 1945 hatte die Rote Armee den Stadtteil Köpenick und den Bunker in der Nalepastraße erreicht, die abgekämpften Soldaten begannen sich einzuquartieren, die Kabinen sollten geräumt werden. Am Ende des östlichen Ganges hatte sich der Kommandeur niedergelassen, ich setzte meine damals noch spärlichen Russischkenntnisse ein und verhalf dazu, dass er entschied: Frauen und Kinder müssen nicht hinaus ins Gefechtsfeuer, sondern dürfen in den Kabinen des westlichen Ganges die Nacht verbringen. Und er fügte die Mahnung an, die Türen fest geschlossen zu halten, da er nicht für jeden seiner Leute garantieren könne.

Nachdem wir die Nacht in der vollgepferchten Kabine wie die Ölsardinen in der Büchse, je drei Mädchen in jedem der Doppelstockbetten, schlaflos zugebracht hatten, mussten wir am nächsten Morgen, vorbei an den müden und düster blickenden Rotarmisten, hinaus in den Kugelregen, der von deutscher Seite her über die Spree kam. Es trieb uns in alle Himmelsrichtungen – außer nach Westen, wo der Kampf tobte. Ich landete in einem Keller in der Oberschöneweider Westendstraße, wo nichts weiter passierte, als dass Rotarmisten barsch nach Uhren fragten.

Als ich nach zwei Tagen, an denen auf dem Marktplatz die Stalinorgeln gefeuert hatten, wieder aus dem Keller ans Licht kroch und nach Hause rannte, fand ich unsere Laubenkolonie verwüstet vor, eben wie ein Kampfgebiet, die Front war über sie hinweggegangen. Das Häuschen unseres Nachbarn Masanek hatte ein Panzer angefahren, durch unseren Garten zog sich ein Schützengraben, abgestützt mit den großen Türen der Vereinslaube.

Es gab keine Zäune mehr, in Butzkys Garten – ein Biwak mit Panjewagen und Pferden, alle Fahrräder waren geklaut – von den Deutschen zur Flucht? Von den Russen?

Direkt vor unserer Laube hielt ein sowjetischer Panzer, dessen Spuren noch vor wenigen Jahren im Zementweg zu sehen waren. Im Garten stand ein weiterer Panzer. Der Kommandant reichte meinem Vater einen Napf mit warmem Essen vom Turm herunter. Unsere Sachen aus dem Erdloch waren weg, dafür fanden wir alle möglichen Dinge, die uns nicht gehörten – Pelzjacke, Stiefel, Bettwäsche … Auf dem Ofen in der Stube gab es in einem Strohhut ein Stück Speck und Kascha. An der Nähmaschine hantierte bei Kerzenlicht ein Rotarmist und war sehr erstaunt, als mein Vater kam und das elektrische Licht einschaltete – tatsächlich, es funktionierte noch. Im Keller hatten sich auf den Kartoffelkisten müde Soldaten einquartiert. Vermutlich war einer von ihnen vor seinem Spiegelbild in der Fensterscheibe erschrocken und hatte darauf gezielt – der Einschuss ist heute noch sichtbar. Auch in der Vereinslaube quartierte sich eine Gruppe Rotarmisten für ein paar Tage ein.

Mein Vater hatte sich vor mir auf den Weg nach Hause gemacht. Als ich eintraf, fand ich auf dem Schlafsessel in der kleinen Stube einen offenbar versprengten deutschen Soldaten, der schlief da wie ein Toter, und ich weckte ihn nicht. Wer weiß, was aus ihm geworden ist.

Bevor die Rote Armee den Bunker besetzte, hieß es, die Stubenrauch- und die Treskowbrücke würden gesprengt, wer in die Stadt fliehen wolle, müsse sofort gehen. Etliche gingen, die meisten blieben. Welch ein Wahnsinn, die Brücken zu sprengen! Das hielt die Rote Armee nicht auf! Im Handumdrehen war neben der Baumschulenweger Fähre eine Pontonbrücke über die Spree errichtet, darüber rollten die Panzer und der Nachschub im Kampf um Berlin – durch das Gartenrestaurant »Spreeschloss« und zwischen zwei Weiden hindurch, von denen heute nur noch ein trauriger Torso am Ufer steht. Davon wissen wahrscheinlich die wenigsten von denen, die jetzt dort ihre Parzellen haben. Damals aber stauten sich an der Pontonbrücke Sportboote, die sich spreeaufwärts losgerissen hatten, und aufgedunsene Leichen schaukelten auf dem Wasser.

Als ich das erste Mal über die Pontons nach Baumschulenweg ging, lagen im Plänterwald gleich unter den ersten Bäumen am Ufer noch zwei gefallene deutsche Soldaten. Hier gefallene Rotarmisten waren von den eigenen Leuten schon an Ort und Stelle unter die Erde gebracht worden. Überall wölbten sich kleine Erdhügel. Erst später wurden die toten Kämpfer nach Treptow umgebettet.

Über diese Pontonbrücke sind dann in umgekehrter Richtung Kolonnen besiegter Wehrmachtssoldaten ostwärts in die Gefangenschaft gezogen …

Im Bootshaus »Markomannia« hatte eine Außenstelle des Stabes der Roten Armee ihren Standort. Von dort kam an einem der ersten Maitage der Offizier Leonid Leonow aus Leningrad mit einem Soldaten in unsere Laube, der schleppte in einem Sack rotes Inlett und weißes Leinen sowie blaue Tuchstücke und warf alles auf den Küchentisch. Daraus sollte bis zum Morgen eine amerikanische Fahne entstehen. Leonow gab die Anweisungen. Wir rissen und schnitten den Stoff in Streifen, ich setzte mich an unsere alte Singer und strampelte die ganze Nacht,

13

nähte und nähte die Streifen zusammen, während die drei Männer – die beiden Russen und mein Vater – emsig die Sterne ausschnippelten, sie schnippelten und schnippelten Sterne, achtundvierzig Sterne aus weißem Tuch, die ich dann auf das blaue Viereck nähte … Nein, es müssen doppelt so viele Sterne gewesen sein, denn sie mussten ja auch auf die Rückseite. Im Morgengrauen jedenfalls war das Kunstwerk aus Stars und Stripes fix und fertig. Weiß der Himmel, dachte ich damals, wofür die amerikanische Fahne von der Roten Armee gebraucht wird!

Als ich in den achtziger Jahren das damalige Kapitulationsmuseum in Karlshorst besuchte und den Saal betrat, in dem Keitel die Kapitulation Deutschlands unterschrieben hatte, stutzte ich unter den Fahnen an der Stirnseite: Die amerikanische kam mir sehr bekannt vor; das waren doch meine Nähte, meine Kappnähte, mit denen ich die roten und weißen Streifen damals zusammengenäht hatte!

Ich wandte mich an den Leiter des Museums, einen sowjetischen Oberstleutnant, erzählte ihm die Geschichte und erkundigte mich, ob es nicht Unterlagen über die Herkunft dieser Fahne gäbe, nannte ihm auch den Namen jenes Leningrader Offiziers. Der Mann zeigte kein besonderes Interesse an Nachforschungen, beauftragte aber schließlich einen Grischa, die Fahne herunterzuholen. Grischa kam mit einer Leiter und führte den Befehl aus. Beim genauen Anschauen war mir klar: Das blaue Stoffstück mit den Sternen war nachträglich aufgenäht, und ich konnte auch »meine« Sterne nicht erkennen. Das mochte den Grund haben, dass im Jahre 1959 Alaska und Hawaii in den amerikanischen Staatenbund aufgenommen wurden und die Anzahl der Sterne auf der Flagge sich seit Kriegsende somit verändert hatte. Aber wozu musste diese historische Fahne korrigiert werden? Das wollte mir nicht in den Kopf. Während ich noch rätselte und das Tuch in meinen Händen ganz genau betrachtete, trat eine junge Frau auf mich zu, fragte mich aus und wollte mich dazu bewegen, fürs schwedische Fernsehen zu posieren, die Kamera schussbereit.

Bloß nicht! Wusste ich denn sicher, dass dies »meine« Fahne war?

Stefan Doernberg, der als Rotarmist am 8. Juli 1945 den Auftrag hatte, mit Major Popow aus dem Funkhaus in der Masurenallee ein intaktes Tonbandgerät nach Karlshorst zum Stab der 5. Stoßarmee und des Stadtkommandanten zu schaffen, schreibt in seinen Erinnerungen im Buch »Fronteinsatz«: »Über Lichtenberg gelangten wir nach Friedrichsfelde, wo die Straßen geräumt waren, sie wirkten wie gefegt. Hinterm S-Bahnhof schwang sich ein hölzerner Triumphbogen über die Straße, an dem nicht nur das rote Banner der Sowjetunion, sondern auch die Fahnen Frankreichs, Großbritanniens und der USA flatterten ...«

Vielleicht ist die Fahne in jenem Museum wirklich nicht meine?

Die von mir genähte ist womöglich an diesem Triumphbogen gelandet?

Ich werde es wohl niemals erfahren, und ist das überhaupt so wichtig?

Wichtig nur für mich allein, in Erinnerung an die Nacht Anfang Mai 1945, als zwei Russen in Uniform der Roten Armee und zwei Deutsche – Feinde also – in der winzigen Küche einer Laube Am Freibad, unweit der Spree, fieberhaft gemeinsam werkelten, um bis zum Morgen eine große amerikanische Fahne herzustellen.

AUF DER KOMMANDANTUR

Nachdem die Waffen schwiegen, sorgten die Verantwortlichen der Roten Armee umgehend dafür, das Leben wieder in halbwegs normale Bahnen zu lenken. Bei uns in Schöneweide, in Berlin, wurden Trupps arbeitsfähiger junger Frauen zusammengestellt, die unter anderem Schützengräben und Bunkerlöcher in der Wuhlheide zuschippen und Ordnung schaffen mussten. Trupp Martini war immer in Bewegung. In unserer Köpenicker Laubenkolonie trommelte man arbeitsfähige ältere Männer zusammen und schickte sie zum Kartoffelholen gen Osten.

Nach zwei Wochen kam Irmas Vater wieder … mit einem Bart wie ein Strauchräuber und einem Sack voll Kartoffeln.

Vater Groß von Neuland wurde abkommandiert zum Brotbacken und übernahm den Bäckerladen Wittig in der Schöneweider Großstraße.

Auch das kulturelle Leben kam in Gang. Auf der Freilichtbühne in der Wuhlheide traten Ensembles auf, Irma bekam eine weiße Binde mit der Aufschrift »Kontrolle« um den linken Oberarm und musste dafür sorgen, dass das gemischte Publikum – Deutsche und Rotarmisten – nicht etwa durchs Gebüsch schlüpfte und sich ohne Eintrittsgeld den Kunstgenuss verschaffte und sich auch sonst gesittet benahm. Das war gar nicht einfach, und es gab hin und wieder eine Kabbelei.

So auch nach jener Abendvorstellung, als es schon dämmerte. Irma verspätete sich, schwang sich aufs Fahrrad und geriet in die Sperrstunde. Bisher hatte sie kontrolliert, jetzt wurde sie kontrolliert. Zwei Rotarmisten mit roten Armbinden hielten sie an. Sie musste absteigen, redete und redete, verwies auf ihre weiße Armbinde, aber es half nichts, sie wurde zur Kommandantur abgeführt. Die befand sich im Gemeindehaus gegenüber der Christuskirche.

Ein Diensthabender nahm ihre Personalien auf, und sie landete im Keller auf harter Holzbank. Bald begann sie in ihrem dünnen Chiffonblüschen zu frieren und machte laut ihrer Empörung Luft. Da steckte Aljoscha, ein blutjunger, hochgewachsener Rotarmist mit Stupsnase, den Kopf zur Tür herein, und Irma probte den Aufstand. Aljoscha nahm sie am Arm und führte sie in einen großen Raum im oberen Stockwerk. Irma erinnerte sich, hier hatte Pfarrer Rasenberger beim Konfirmandenunterricht von seinen Gymnasiastenstreichen erzählt: »Da oben hängt 'ne Unterhose!« Generationen von Konfirmanden kannten die Geschichte.

Jetzt war es hier zwar nicht so gemein kalt wie im Keller, aber für eine ganze Nacht immer noch kalt genug. Irma kringelte sich auf ein paar zusammengerückten Stühlen zusammen, die Stunden dehnten sich schlaflos, endlos, bis im Morgengrauen Aljoscha wieder auf der Schwelle stand, um sie zu entlassen. Irma maulte, durchgefroren wie sie war, und als sie vor die Tür in die Morgenkälte trat und ihr Fahrrad vergeblich suchte, war das Maß voll. Sie machte mächtigen Krawall in der Morgenstille. Auf der Kommandantur Fahrrad klauen, das ist ja wohl das Letzte! Aljoscha beschwichtigte sie, versprach, es wieder zu besorgen, holte einen schwarzen Mantel – es war der Cut von Pfarrer Rasenberger –, hängte ihn Irma um die Schultern und schickte sie auf den Weg nach Hause. Irma trabte durch die Zeppelinstraße, durch die taunassen Kolonien im Mantel jenes Pfarrers, der sie getauft und eingesegnet hatte mit dem Spruch aus Matthäus 46/21, welcher endet: Der Geist ist willig, aber das Fleisch ist schwach. Tatsächlich, am Nachmittag tauchte Aljoscha in der Laubenkolonie auf und führte ein Fahrrad – auf Latschen. Es war nicht Irmas. Irma protestierte. Aljoscha beschwichtigte wiederum, er würde die Sache ins Reine bringen. Brachte er auch, beinahe. Am nächsten Tag kam er mit einem weiteren Rad, wieder auf Latschen. Irma machte Krach, sie brauchte ein fahrbereites Rad, um zu ihrer Freilichtbühne zu gelangen. Das war ja einzusehen, und so schleppte Aljoscha einen Tag darauf abermals ein Rad an, die Felgen provisorisch mit Stricken umwickelt. Irma gab auf. Ihr Vater schaffte es, eines der Räder wieder in Gang zu setzen.

Irma, geboren 1927

DAVONGEKOMMEN

Draußen im Garten stand schwarz die Nacht. Ich war schon ins Bett gegangen. Vater saß noch in der winzigen Küche und las. Da hörte ich es poltern, raue Stimmen palaverten laut russisch, es wurde an die Verandatür gehämmert, und gleich darauf sah ich im Lichtschein, der aus der Küche durch die Glastür ins kleine Zimmer drang, drei große, dunkle Gestalten zu mir ins Schlafzimmer wanken. Eine Taschenlampe blitzte auf, ihr Lichtstrahl wanderte im Raum umher, traf auf mich und blendete mich, dahinter konnte ich nichts erkennen. Der Lichtstrahl glitt von mir weg, ein schwerer Körper wälzte sich auf mich, vor meinen Augen blitzte die Mündung einer Pistole. Ich rührte mich nicht, war wie versteinert. In diesem Augenblick ging das elektrische Licht an – mein Vater war ins Zimmer gekommen. Sie hielten ihm eine Pistole vors Gesicht. Ich sah es kreidebleich werden und kann diesen Anblick nie vergessen. In diesem Moment tauchte im Nebenzimmer der kleine Soldat aus dem Bunker Nalepastraße auf, ein Dorfjunge, der schon mal bei uns gewesen war und zu unserer Verwunderung Heine auf Deutsch rezitiert hatte. Er schmiss sein winziges Köfferchen mit Brot und Speck auf den Stubentisch und ging schreiend und gestikulierend auf die Betrunkenen los, als er die Situation erfasst hatte. Einer nach dem anderen stolperten die schwankenden Riesenkerle aus meinem Zimmer. Wie hatte der Kleine das wohl fertiggebracht? Er beschwichtigte mich, streichelte mich und setzte sich auf den Stuhl neben meinem Bett, der da anstelle eines Nachttisches stand. So, ging es mir durch den Kopf, jetzt bist du fällig, und ich blieb wie erstarrt liegen, gespannt, hellwach, mit vor Schreck aufgerissenen Augen. Ich lag und lag und nichts passierte.

Wie die Nacht vergangen ist, weiß ich nicht mehr. Ich weiß nur, dass der Junge immer noch im Dunkeln auf dem Stuhl kauerte, wenn ich nach kurzem Einnicken die Augen wieder aufschlug. Ich sah, in der Küche brannte die Nacht über Licht, Vater hatte sich nicht hingelegt, wie sollte er auch, wo der kleine Rotarmist in der Stube saß. Brot und Speck blieben in dieser Nacht unberührt. Es war ein so lieber, auf den ersten Blick unscheinbarer junger Bursche, wie konnte ich nur seinen Namen vergessen!

◆◆◆

Ein andermal, als der Vater mit anderen Männern zur Kartoffelaktion weg musste und ich allein zu Hause war, wollten zwei Armisten mit roten Armbinden aus unserer Pumpe Wasser trinken. Es kam aber keins, es war abgelaufen, man musste den Abessinier angießen. Ich hakte das Halblitermaß vom Schwengel und ging in die Laube nach Wasser … schwupp waren die beiden hinter mir her, der eine schob den Riegel von innen vor die Verandatür, und da war klar, was sie im Schilde führten. Alles ging blitzschnell, seltsam, wie man in solchen Situationen reagiert. Ich jedenfalls seh mich noch immer vor dem alten Schrank im kleinen Zimmer stehen, die Arme ausgebreitet, eine Pistole vor der Nase und »Schieß doch! Schieß doch!« schreien. Vielleicht gibt es wirklich Schutzengel. Meiner war jedenfalls Reni Fuhrmann mit der Ziehharmonika, die ans Fenster pochte, weil die Laubentür ja verschlossen war. Ich brüllte ihr was von Kommandantur zu, und das war das Zauberwort. Wie der Blitz verschwanden die beiden Übeltäter. Schlecht wäre es ihnen ergangen, wenn man sie erwischt hätte.

◆◆◆

So glimpflich ging es nicht ab beim Zusammentreffen mit jenem Menschen in Uniform und grüner Schirmmütze. Er lehrte mich den Satz: »Otstantje, ja ne chatschu s wami rasgawariwatch!«, was so viel heißt wie: Lassen Sie mich in Ruhe, ich hab mit Ihnen nichts zu schaffen. Er war Lehrer, ein gebildeter Mensch also, was ihn nicht hinderte, mich brutal zu behandeln, zu beschimpfen, zu stoßen und ins Gesicht zu schlagen … Er hatte solche Wut auf die Deutschen.

DIE THERMOSKANNE

Der behäbige Oberstleutnant aus dem KWO, wo wir Mädchen die riesigen Maschinen zum Abtransport säuberten, brauchte dringend eine Thermoskanne. Na, dachte ich, es wird dein Schade nicht sein, und rannte in meiner Bekanntschaft rum, bis ich eine aufgetrieben hatte. Am selben Tag noch sollte ich sie ihm in die Schillerpromenade 8 in Oberschöneweide bringen. Ich nahm mir Gerda als Geleitschutz mit.

Der Rundliche wohnte mit einem anderen Oberstleutnant im dritten Stock. Als wir ankamen, war der Tisch schon gedeckt mit allerlei leckeren Speisen. Wir wurden eingeladen als Dank für die prompte Erledigung. Wir zierten uns nicht lange, denn wir hatten immer Kohldampf, wir tafelten und tranken und ließen uns nicht nötigen. Wir tafelten und redeten und redeten und sagten schließlich, wir müssten nun wegen der Sperrstunde nach Hause. Sie nahte nicht, sie war längst angebrochen – irgendein Witzbold hatte die Wanduhr im Zimmer listigerweise eine Stunde zurückgestellt. Wie spät es wirklich war, konnten wir nicht wissen, denn wir hatten natürlich keine Armbanduhren.

Hier zeigte sich, dass meine Freundin Gerda in kritischen Situationen immer anders als ich reagierte. Gerda packte ihre Tasche, rannte die Treppe runter – die Haustür war verschlossen. Sie klingelte bei Leuten im Haus und wurde rausgelassen – in die Ungewissheit, was ihr während der Sperrstunde zustoßen würde, es war ja nicht ungefährlich.

Ich hockte weiter da oben im Wohnzimmer und wusste mir keinen Rat. Und es kam, was kommen musste. Der dicke Oberstleutnant war ziemlich voll, und ich sollte zu ihm ins Bett. Es gab zwar keinen großen Kampf, aber einen furchtbar gekränkten Oberstleutnant. Der andere Offizier, der noch besser bei Sinnen war, rückte mir gepolsterte Stühle im Wohnzimmer zusammen, da, wo wir gegessen hatten, drückte mir den Zimmerschlüssel in die Hand, ich verschloss hinter ihm die Tür und machte mich auf den Stühlen lang, wo ich ohne Zudecke entsetzlich fror und über Nacht kein Auge schloss. Wie vereinbart, klopfte nach der Sperrstunde in aller Herrgottsfrühe der Nette an die Zimmertür und begleitete mich die Treppe hinunter, schloss mir die Haustür auf und entließ mich in den kühlen und nebelfeuchten Morgen.

Die Herren Offiziere im KWO grüßten mich von da an stets sehr freundlich, mit einem verständnisinnigen und, wie mir schien, respektvollen Lächeln.

Gisela, geboren 1927

IN DER DEULSTRASSE

»Wo warst du, als der Krieg zu Ende ging, Helga?«, fragte ich meine frühere Klassenkameradin.

»Mit meinen Eltern hab ich im Bunker der Messingwerke in Niederschöneweide gesessen. Draußen waren Männer auf Posten, die uns informierten, wo der Russe stand. In jedem von uns kroch die Angst hoch, denn wir wussten ja nicht, was uns erwartete. Plötzlich fielen draußen Schüsse. Im Bunker hatte auch ein junger deutscher Soldat Zuflucht gesucht, der riss sich in Panik die Uniformteile ab, aber trotzdem war unverkennbar, dass er Wehrmachtssachen trug.

Nach den Schüssen wurde die Bunkertür von draußen geöffnet, die ersten Russen stürmten herein, vermutlich die Garde. Einige sprachen Deutsch, sie gingen durch den Bunker, guckten sich alle an, zerrten den Soldaten heraus, und dann knallte es wieder. Unter den Rotarmisten waren auch Frauen, die redeten beruhigend auf uns ein, wir brauchten keine Angst zu haben, die Russen seien gute Menschen, das Leben ginge weiter, wir sollten nach Hause gehen. Wir verließen also den Bunker, und mein erster Eindruck war nicht der allerbeste: Die Fahrradständer leer, alle Räder »ausgeliehen«. Auf meinem juckelte ein asiatischer Typ rum, es war natürlich futsch. Überall wimmelte es vor Rotarmisten, und mich packte eine unwahrscheinliche Angst, es war ja genügend vor den bolschewistischen Untermenschen gewarnt worden.«

»Wie seid ihr nach Hause gekommen, nach Oberschöneweide, auf die andere Seite der Spree? Die Treskowbrücke war doch gesprengt worden und hing im Wasser.«

»Wir wagten uns auf die schmale, wacklige Leiter, die runter zur Spree führte – die Sorge um das, was uns zu Hause erwartete, überwog die Angst vorm Ertrinken. Wir passierten auch unbeschadet das Brett, welches über das offene Wasser führte, ich kletterte mit klopfendem Herzen die Leiter zum Oberschöneweider Ufer hoch und war überrascht. Oben stand ein junger Rotarmist, packte zu und half den Leuten, auf die Brückenstraße zu gelangen.

Dann der Schock: Tot lagen da fünfzehn-, siebzehnjährige Jungen, die Flakhelfer vom Turm der Firma Frister, erschossen lagen sie alle da, mitten auf der Straße, Kinder noch! Es waren die ersten Toten, die ich in meinem Leben sah, und ich kann den Anblick nicht vergessen.

Die Deulstraße 14 erreichten wir unbehelligt und waren glücklich, Haus und Wohnung noch vorzufinden, nur alle Fensterscheiben waren hinüber. Wir wohnten im Parterre, und das schien uns für mich zu riskant, also brachten mich meine Eltern in die Klarastraße 3 zu meiner Tante, die im dritten Stock wohnte. Nach etwa einer Woche ging ich wieder zurück. Die Fenster hatte mein Vater inzwischen notdürftig mit Pappe zugenagelt.

Die Russen krakeelten mitunter laut draußen auf der Straße. Ein Glück, dass es bei uns im Haus zwei Frauen gab, die gern russischen Besuch empfingen, so dass ich auf diese Weise unbehelligt blieb. Ein weiterer glücklicher Umstand: Im Nebenhaus, in der Nummer 13, wohnte die Familie des Kommunisten Henkelmann, die einem sowjetischen Offizier, einem Juden, der gut Deutsch sprach, Quartier gewährte. Er sorgte dafür, dass in der Deulstraße mehr oder weniger Ruhe herrschte.

In der Frischenstraße gab es eine Sammelstelle, da wurden wir registriert und von Herrn Martini zu Arbeitskolonnen zusammengestellt. Unsere Kolonne sollte die Straßenbahnschienen vom Königsplatz in Richtung Karlshorst rausreißen. Wir Frauen mussten mit der Picke die schweren Vierkantsteine aus dem Pflaster hieven, nur ein paar Männer halfen mit. Trotz der Handschuhe hatten wir Abend für Abend neue Schwielen an den Händen. Die Arbeit überwachte ein junger, sympathischer Rotarmist, der einwandfreies Deutsch sprach. Er gönnte uns ausreichend Erholungspausen, aber wenn dicke Luft war, dann legten wir auf sein Kommando »Weiter« wieder los. Auf diese Weise waren wir mit unseren »Ausgrabungen« bis zum Elisabeth-Hospital vorgedrungen. Plötzlich hieß es: Stop! Zwei Tage vergingen, dann mussten wir den alten Zustand wiederherstellen. Ich bekam eine neue Aufgabe im Gaswerk Rummelsburg. Die hohen Hallen dort waren mit zum Teil schon vorsortierten Büchern vollgestopft. Wie am Stempel erkennbar, stammten sie überwiegend aus Universitätsbibliotheken. Wir, zehn Mädchen etwa, sollten die Bücher auflisten und in Kisten verpacken. Russen in Zivil, die alle perfekt Deutsch sprachen – eine Lehrerin und ein Ingenieur waren darunter –, wiesen uns in die Arbeit ein. Fix hatten sie erkannt, wer schlecht arbeitete, und da hieß es auch mal knallhart: Sie müssen morgen nicht wiederkommen.

Die Arbeit dort hat mir Spaß gemacht, aber der Winter nahte, es wurde kalt, die Finger waren schnell klamm und steif, und an Schreiben war nicht mehr zu denken.

In meiner ehemaligen Schule öffnete eine Polizeischule, dort bewarb ich mich dann als Stenotypistin.«

Helga Sand, geboren 1927

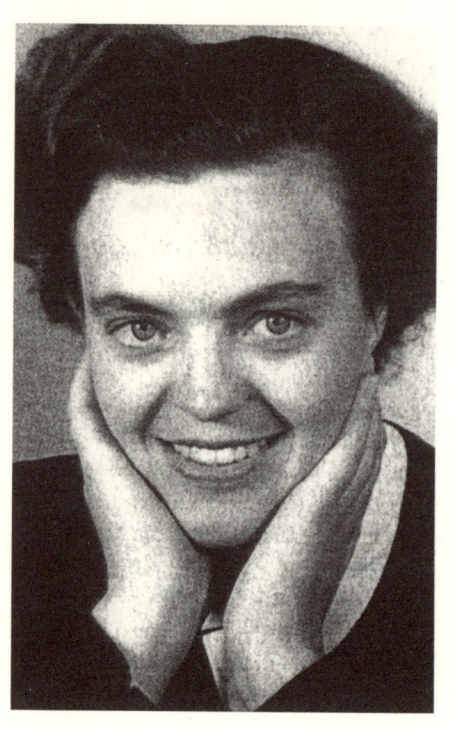

DIE UHR

Zu den vielen Gegenständen, die ich immer noch nicht wegwerfen kann, obgleich sie keinerlei Nutzen mehr haben, gehört eine kleine Uhr, eine billige Damenarmbanduhr aus Golddouble. Mein Vater hat sie meiner Mutter am 23. Januar 1927 auf dem Standesamt in Berlin-Treptow geschenkt.

Zu meinem 18. Geburtstag, im Kriegswinter 1945, als wir kaum noch Kohlen zum Heizen und nur noch wenig zu essen hatten, gab meine Mutter diese Uhr an mich weiter.

Es war das erste Mal, dass ich eine eigene Uhr besaß, ich hatte eine unbewusste Scheu, sie täglich zu tragen, und wollte sie nur an besonderen Tagen anlegen. Sie wurde sorgfältig in einem kleinen Koffer verstaut, der allabendlich, wenn die Luftschutzsirene uns in den Keller trieb, zusammen mit Kleiderbündeln und anderem nach unten geschleppt wurde. So gehörte er zu den wenigen Habseligkeiten, die wir retteten, als unsere Wohnung dann Wochen später in Flammen aufging.

Man wies uns in eine Wohnung ein, die uns – wir konnten es kaum fassen – den Luxus eines eigenen Bades bot. Die Gasversorgung funktionierte noch stundenweise.

Sechs Wochen später gab es keinen Alarm mehr. Wer sicher sein wollte, musste ständig im Keller bleiben. Die Artillerie dröhnte Tag und Nacht. Die S-Bahn fuhr nicht mehr. Die meisten Geschäfte blieben geschlossen. Vor den wenigen geöffneten bildeten sich lange Schlangen, bis es hieß: Das Brot ist alle, Fleisch ist ausverkauft.

Die Einschläge der Artillerie kamen immer näher, dazwischen bullerte die Flak, knallten die Bordwaffen der Tiefflieger.

Die sechzig Menschen in unserem Keller, darunter viele Kinder, ertrugen die zwangsläufige Enge immer weniger, und manche verbrachten trotz ihrer Angst viele Stunden in ihren Wohnungen, in diesem nicht endenden Getöse, denn unten riss das Geschrei der Kleinkinder ebenso wenig ab wie der Streit um Nichtigkeiten.

Um die Mittagsstunde des 23. April fielen in der Edisonstraße bei uns Bomben und rissen kurz vor dem Ende noch Menschen in den Tod. Am Abend gegen 19 Uhr waren die Russen da. Die ersten sahen nur flüchtig in den Keller und verschwanden gleich wieder. Wir hatten den Atem angehalten, starr vor Angst und Ungewissheit. Dies war der Anfang vom Ende des Infernos.

Eine Stunde später wurde mit lautem Gebrüll die Tür aufgerissen, und eine Horde offensichtlich betrunkener Soldaten stürmte in den Keller, wild gestikulierend und »Uri, Uri!« schreiend.

Nach dem ersten Schreck hatten meine Mutter und ich die Lage erkannt, und da wir zu den wenigen gehörten, die diesen Augenblick herbeigesehnt hatten, fiel es uns nicht schwer, die Hausbewohner davon zu überzeugen, dass der Verlust der Uhren ein kleines Übel sei im Vergleich zu den Verlusten in der zweimal von der Kriegsmaschine überrollten Heimat der Soldaten. Im Handumdrehen schlug die Stimmung um. Bereitwillig kramten alle in ihren Gepäckstücken, nestelten am Handgelenk, und lachend und winkend, vier bis fünf Uhren am Arm, zog die Truppe weiter, und wir Kellerkinder blieben ungeschoren.

Erst viel später fiel mir die kleine Uhr, mein sorgsam

gehütetes Geburtstagsgeschenk, wieder in die Hand. Bei den Kelleraktionen hatten wir überhaupt nicht an sie gedacht, sie war uns einfach aus dem Sinn gekommen. Nun berührte uns peinlichst, was uns damals im Keller aus purer Gedankenlosigkeit passiert war.

Inge Maja Weiße, geboren 1927

OBERSCHÖNEWEIDE

Die Rote Armee rückte auf Berlin vor.

Wir wussten es nicht, wir ahnten es nur, denn es gab keinen Bombenalarm mehr.

Wir hockten schon seit Tagen mit den anderen Hausbewohnern zusammen im Luftschutzkeller der Wilhelminenhofstraße 24. Niemand wagte es, den schützenden Raum zu verlassen. Tag und Nacht in der Enge, in banger Erwartung dessen, was kommen musste.

Ich war noch nicht mal achtzehn, aber mein Leben war schon geprägt vom Krieg, von Bombardierungen der Stadt und Erlebnissen, die mir jede Angst genommen hatten. Ich spürte eine Kraft in mir, das Schreckliche, das vielleicht noch vor mir lag, ruhig und gelassen zu ertragen.

Dann war die Stunde gekommen.

Ein Mann betrat den Luftschutzkeller und sagte ruhig: »Die Russen sind in Oberschöneweide!«

Ich band mir mein Kopftuch um, kuschelte mich in meine Decke, und in gespannter Erwartung sagte ich leise zu mir selber: Bleib ganz ruhig!

Da stand plötzlich der erste Russe in der Kellertür, sah sich um und ging wieder. Der zweite kam, steuerte auf mich zu und forderte: »Uri.«

Ich schüttelte den Kopf. Ich musste aufstehen. Er hob sein Gewehr, hielt es mir auf die Brust. Ich rührte mich nicht. Wir sahen uns in die Augen. Ein Mann – wer weiß, woher er plötzlich kam – redete ihn auf Russisch an. Der Rotarmist ließ das Gewehr sinken, wandte sich um und ging … Wortlos nahm jemand meine Hand und drückte sie.

Die folgenden Tage waren beherrscht von der Gewissheit, dass der schreckliche Krieg nun zu Ende ging.

◆◆◆

Und dann holte er mich doch wieder ein. Vom Balkon im ersten Stock unseres Hauses blickte ich eines Tages gegen Ende April die Wilhelminenhofstraße hinunter Richtung Süden. Von dorther wälzte sich fast über die ganze Straßenbreite ein Gefangenenstrom herauf, langsam, schleppend, tausende müde, abgekämpfte Männer mit stumpfen, leeren, grauen Gesichtern, von der letzten, verzweifelten Schlacht gezeichnet, kraftlos, verwundet an Kopf, Arm und Bein, auf Krücken daherhumpelnd, nur den Augenblick wahrnehmend, nur laufen, laufen, laufen. Der Körper am Ende. Hatte die Seele noch eine Hoffnung?

Dieser Anblick machte mir das Grauen des sinnlosen Krieges wieder gegenwärtig und hinterließ ein Bild, das ich beim Gedanken an Krieg immer vor Augen habe. Ich konnte es nie aus meinem Gedächtnis löschen.

Ursula Alischewski, geboren 1927

SUFF

Nora war Redaktionssekretärin beim »Start«, der ersten Wochenzeitung für junge Menschen, die nach Kriegsende im Berliner Verlag erschien. Nora war mehr als eine Sekretärin, sie machte praktisch alles. Sie prüfte auch Stenotypistinnen und stellte sie ein, wenn sie was drauf hatten. Stenotypistinnen mussten damals auf ein Stichwort der Redakteure hin Leserbriefe selbständig beantworten, sie waren sozusagen Redaktionsmitarbeiterinnen.

Im »Start« arbeitete ein eingespieltes Team, und es machte Spaß dort. Nachts beim Umbruch blieb auch die Sekretärin da, um den diensthabenden Redakteur zu unterstützen. Dann wurden die grünbezogenen Polsterstühle aus dem Empfang heraufgeholt, zum Ausruhen in dem engen Sekretariat in zwei Reihen aufgestellt, in die Mitte dazwischen kam auf den Fußboden ein Elektrokocher, dessen glühende Spiralen ein bisschen Wärme spendeten, denn es war nachts bitterkalt dort auf dem nackten Beton im Seitenflügel des Verlagshauses in der Jägerstraße.

In der Redaktion gingen bekannte Leute ein und aus, die für die Zeitung schrieben. Zum Redaktionsteam gehörten damals auch Horst Schiefelbein und Joachim Herrmann, ein aufgeweckter Junge, der es vom Boten über den Volontär zum Redakteur gebracht hatte. Später stieß auch Wolfgang Kohlhaase dazu, blutjung, sommersprossig, mit rotblondem Haarschopf. Die jungen Leute waren alle in der Jugendgruppe des Verlags aktiv. Es wurde hart gearbeitet und fröhlich gefeiert … mit viel Alkolat. Am Scharmützelsee gab es ein unvergessliches Sonnenwendfest.

Nach einem langen Arbeitstag im März 1946 fuhr Nora nach Hause. Vom Bahnhof Schöneweide musste sie zu Fuß in die Laubenkolonie an der Nalepastraße. Es war dunkel, Laternen gab es nicht. Dort, wo die Gärten begannen, hatte sie das Gefühl, als käme jemand hinter ihr her, sie konnte aber nichts erkennen, als sie stehenblieb und sich umwandte. Beim Weitergehen hörte sie Schritte näherschlurfen und machte jetzt auch zwei dunkle Gestalten aus. Nora roch den Braten und ahnte, was da kommen würde. Ich werd euch was, dachte sie, ich werd euch doch nicht zeigen, wo ich wohne, und sie ging am Moselweg vorbei. Auf der Höhe von Weg 7 wurde sie überholt, und zwei stockbesoffene Russen in Uniform, ein großer dicker und ein kleiner, stürzten lallend über sie her, rissen sie zu Boden und versuchten, ihr an die Wäsche zu kommen. Nora wehrte sich aus Leibeskräften, fuchtelte wild mit den Armen, strampelte und schrie schließlich, so laut sie konnte. Augenblicklich ließen die Russen von ihr ab und türmten über Weg 7 in Richtung Rummelsburger Chaussee.

Nora rappelte sich auf, tastete nach ihrer Brille auf dem Erdboden, fand sie – in Scherben. Der Strumpfhalter zerfetzt und die aus Papierstrippe geflochtene runde Tasche mit Ausweisen, Schlüsseln und fast zweihundert Mark Gewerkschaftsgeldern weg – weiß der Himmel, warum sie die vom Verlag mitgeschleppt hatte. Vom Kampf und der Aufregung erschöpft, wacklig auf den Beinen, zitternd und mit rutschenden Strümpfen schleppte sich Nora zum Moselweg, kletterte über die Gartenpforte, pochte an die Laubentür – die Mutter wich entsetzt zurück, als sie öffnete –, wusch sich, zog sich um, suchte die Ersatzbrille heraus und machte sich schnurstracks und zielsicher in der Dunkelheit auf den Weg zur Rummelsburger Chaussee, wo eine sowjetische Einheit in der ehemals Müllerschen Fabrik ihren Standort hatte. Aus irgendeinem Grund war sie sicher, dass die Banditen von hier kamen. Sie klopfte den Kommandeur heraus, der war zuerst sehr ungehalten, schilderte ihm mit Hilfe eines Dolmetschers das Vorkommnis. Der Offizier wurde erst munter, als sie ihren Ausweis der Kommunistischen Partei Deutschlands erwähnte, der ebenfalls in der entwendeten Tasche war. Er ließ daraufhin die halbe Garnison aufmarschieren, und Nora war bange, dass sie den Richtigen nicht mit Sicherheit herausfinden würde, es war ja draußen dunkel, und wer konnte da schon ein Gesicht erkennen! Sie hatte bloß eine große, dicke und eine kleine Gestalt vor Augen. Es klappte dennoch. Sie zeigte schließlich auf den einen der vorgeführten Burschen und beim nächsten Schub auf einen weiteren – nicht zu verwechseln, sie waren noch immer sternhagelvoll.

Wie ging die Sache aus? Die beiden Soldaten – der eine war der Koch dieser Einheit – wurden verdonnert, Nora das Geld in Raten vom kargen Sold zurückzuzahlen, im Moment war es unauffindbar. Wer weiß, was sonst noch mit den beiden Missetätern passierte!

Mehr als ein halbes Jahrhundert später erst erfuhr Nora durch Zufall von einer früheren Klassenkameradin, die durch den Lattenzaun gespäht hatte und deren Vater damals bei der Einheit in der Küche arbeitete: Allen Rotarmisten, die in den Laubenkolonien auf Beutezug waren, geklaut hatten und erwischt wurden, sei es schlecht ergangen – sie wurden nach Strich und Faden verprügelt.

Noras Tasche mit den Schlüsseln fand sich am nächsten Morgen an der Rückfront der Gebäude im von Fahrzeugen aufgewühlten Schlamm. Eine Woche später traf bei Nora ein Brief von einem bei dieser Einheit beschäftigten Mann aus Grünau ein. Er hatte das Parteidokument gefunden.

Nora befürchtete, die überführten Soldaten würden sich rächen. Aber der kleine Koch kam pünktlich zu Nora, wie vereinbart, brachte das Geld, war nett, friedlich und beschämt und entschuldigte sich. Er konnte sich an nichts mehr erinnern, sie waren beide stockbesoffen gewesen.

So wie diese ist manch andere Geschichte im Suff passiert. Und die Leute haben dabei kräftig mitgeholfen, haben ihren Zuteilungsschnaps bei den Russen gegen Brot getauscht ...

Nora, geboren 1927

KOLONIE OBERSPREE

Am 20. April bin ich noch zur Arbeit gegangen, aber in der Ferne grollte schon der Geschützdonner und kam immer näher. Zwei Tage später hieß es, in Schöneweide hängen weiße Fahnen, aber die Geschütze bullerten weiter, und auf dem Marktplatz heulten bald die Stalinorgeln.

Bei ihrem Rückzug forderten uns Wehrmachtssoldaten auf, mit ihnen zu kommen, und sie waren sehr erstaunt, dass wir bleiben wollten. Meine Eltern und ich, wir zogen uns in unseren Gartenbunker zurück, das war ein Erdloch, in dem wir Kisten mit Geschirr, Bettwäsche und Kleidung stapelten und über das sich ein blumenbepflanzter Hügel wölbte.

Mein Vater hatte sogar einen Notkäfig für unseren Wellensittich gebaut, der kam mit ins Erdloch.

Die ersten Russen sahen wir, als wir aus dem Bunker krochen, auf den Weg hinaustraten und Richtung Norden blickten. Von Weg 7 her kamen Rotarmisten in Pelerinen auf uns zu, kamen immer näher und futterten dabei aus Einweckgläsern, und als sie bei uns an der Gartenpforte anlangten, hieß es: »Mann, komm!« Sie führten meinen Vater hinters Haus auf den Hof, und angstvoll warteten meine Mutter und ich auf den Schuss, der da fallen musste. Aber alles blieb still. Es stellte sich heraus, sie hatten nur Schnaps gewollt – den wir natürlich nicht hatten.

Unser Gartenbunker war zu groß und zu auffällig mit seinem Hügel. Also schlüpfte ich in das kleine Erdloch unseres Nachbarn, in dem man kaum stehen konnte.

Plötzlich ging die Klappe auf, ein Rotarmist steckte den Kopf herein, guckte und machte die Klappe wieder zu. Gott sei Dank! dachte ich erleichtert. Aber wenig später ging die Klappe wieder auf, derselbe Soldat guckte nicht nur, sondern kletterte herein und wollte zur Sache gehen – für dieses Unternehmen hatte er sich bei meiner Mutter vorher extra gewaschen und rasiert. Doch er hatte die Rechnung ohne Irmchen gemacht, die war stark und rang mit ihm, und überdies war es auch viel zu eng in dem Loch. Zum Glück kam mein Vater dazu, und der Übeltäter suchte das Weite. Von da an hab ich mich nicht mehr versteckt.

Manchmal betraten Rotarmisten die Parzelle, sahen den von einem deutschen Granattreffer zerstörten hinteren Teil unserer Laube, sagten: »Chaos!«, und verschwanden wieder.

Einmal kam ein asiatischer Typ, so ein kleiner, ganz allein in unseren Garten. Ich zog mich schleunigst in die Laube zurück und kroch unters Bett. Er aber rückte meiner Mutter auf den Leib, die eine ansehnliche Frau war. »Frau, komm! Ich Kommandant, ich kann!« Na, da hatte er sich aber gewaltig geirrt! Im Nu war ich unterm Bett vor, und vereint fielen wir über ihn her: »Du Pforzknoten, du! Du und Kommandant!« So sind wir ihn schnell losgeworden.

Später, nach den Kämpfen, gab es nur noch einmal eine unangenehme Begegnung, als ich mit meiner Mutter von einem Theaterbesuch kam. Aus dem Dunkeln trat uns eine kleine Gestalt in Uniform in den Weg, aber wir waren zu zweit, und der Zudringliche hatte keine Chance.

Irmgard Müller, geboren 1925

KOLONIE AM FREIBAD

Unsere Familie hockte zu fünft im Vorraum des Bunkers Nalepastraße in Oberschöneweide. Die Kabinen waren überfüllt, die Doppelstockbetten vollgepackt mit Menschen. Draußen war Artilleriefeuer zu hören und der Motorenlärm sowjetischer Kampfflugzeuge, die »Nähmaschinen«, wie wir sie nannten. Plötzlich sagte einer der Männer: »Die Russen kommen rein!«

Kurz darauf betrat ein sowjetischer Kommandeur den Bunker, hinter ihm drängten Soldaten nach. Auf Deutsch machte der Offizier uns klar, er sorge für Ordnung, solange er da sei. Wer nach Hause wolle, könne gehen. Traudchen, meine Schwester, wollte dableiben mit dem kleinen Bernd, meine Mutter und ich überredeten sie aber mitzukommen.

Eiligst zogen wir in Richtung Schöneweide los. An der Wiese, wo früher immer Fußball spielt wurde, kam im Dämmerlicht ein Russe auf uns zu, zerrte an meiner Schwester herum, und meine Mutter sagte schnell: »Gib ihm deine Uhr!« Traudchen nestelte sie vom Handgelenk, reichte sie ihm, und er ließ uns gehen. Unbehelligt kamen wir bis zu unserer Laube im Rheinweg. Nachbar Lange hatte eine Grube ausgehoben und einen überdachten Splittergraben zum Schutz vor Bombenangriffen gebaut, da schlüpften wir rein und verbrachten die Nacht darin, Vater und Herr Lange hielten davor Wache.

Als es hell geworden war an diesem 24. April, gab es schon keine Zäune mehr, in unserem Garten standen Panjewagen, und Rotarmisten hatten ein Biwak errichtet. Meine Mutter sprach Polnisch und konnte sich mit den Soldaten verständigen. Einer von ihnen, ein bärtiger, älterer – für mich mit meinen achtzehn Jahren schon ein alter Mann –, sagte zu ihr: »Solange wir hier sind, da sind Sie sicher. Wir bleiben noch ein paar Tage, aber wenn wir abziehen, sollten Sie Ihre Kinder verstecken.«

Mein Vater machte sich daran, vor den Laubendachboden einen zweiten Giebel zu bauen. Solange er nicht fertig war, blieben wir in der Laube. Später sind wir zu dritt – Traudchen, die Nachbarstochter und ich – oben in den Verschlag gekrochen und haben da im Dunkeln etliche Tage kampiert, von Vater mit Essen versorgt. So sind wir wohl manchem entgangen.

Jestrichs gegenüber hatten drei Mädels. Mutter Jestrich hat die »Bewerber« abgewimmelt und gesagt: »Gehnse mal rüber zu den Nachbarn, da sind auch Mädels.« Aber meine Mutter hatte den kleinen Bernd auf dem Arm und wurde gefragt: »Wo Mutter von Kind?« Meine Mutter winkte Richtung Stadt und sagte: »In Berlin, von Bomben tot.«

◆◆◆

»Hattest du denn niemals andere Begegnungen mit den Russen?«, frage ich meine Freundin und Klassenkameradin aus der Grundschulzeit.

»Nein, hatte ich nicht.«

Nach einer Pause dann. »Doch, da fällt mir ein. Ich war mal in der Wattstraße 31, gegenüber der gelben Schule, wollte meine Freundin Ruth besuchen, die wohnte im ersten Stock vom Hinterhaus. Da hieß es plötzlich: Im Hof sind Russen.

Natürlich bin ich nicht weggegangen, solange die da unten palaverten, und das dauerte und dauerte. Es dämmerte schon, als sie endlich abzogen und ich mich auf den Heimweg machen konnte. Ich kam nur bis in den Flur des Vorderhauses, da schoss mein Vater auf mich zu und verpasste mir ein paar schallende Ohrfeigen – mein Vater, der mich niemals im Leben geschlagen hatte. Tiefbeleidigt rannte ich vor ihm her nach Hause. Wir beide haben nie darüber gesprochen und die Sache geklärt, aber meine Wange brennt noch heute, wenn ich daran denke.«

Irmgard Butzky, geboren 1927

DER LANGE WEG

Vom gesprengten Bunker in der Berlin-Schöneweider Nalepastraße bis zur Wilhelminenhofstraße ist vielleicht eine Viertelstunde Weg. Im April 1945 brauchten wir dazu zwei Tage.

Unsere Familie – Mutter Bormann mit drei Kindern, Oma und Tante – suchte wie viele andere Schutz im Bunker. Wir waren immer sechs oder acht Personen in der winzigen Zelle ohne Fenster, in der ein Doppelstockbett stand.

Am 23. April 1945 schreibt unsere Mutter in ihr Tagebuch: »Der Ari-Beschuss ist schon sehr stark, und man duckt sich, wenn man es pfeifen hört, aber heute früh war ich doch noch per Rad im Ort, habe auch einiges ergattert. Martha und ich laufen immer noch das Essen etc. machen und bringen es in den Bunker. Tante Anni macht mit. Das letzte Mal um 5 Uhr nachmittags. Um 6 Uhr ist der Russe da. Fürchterliche Momente. In fünf Minuten müssen wir den Bunker räumen. Ich habe Mühe, die Kinder fertigzumachen, weil alles hinausstürzt. Frau John und Tante Anni nehmen schon immer Marianne und Lutz. Als wir vor die Tür treten, sind sie verschwunden.«

Wir wurden unsanft vom Bunkereingang weggestoßen und wollten nun, wie mit Mutter verabredet, zu Omas Häuschen im Rheinweg. Überall Panzer und Soldaten, die Straße kaum erkennbar, da alle Zäune und Bäume umgefahren. In Omas Haus hat sich eine Nachrichtenstation oder so was etabliert. Wir gehen einmal durch das Haus, sehen auf dem Herd einen großen Waschkessel kochen. Hier können wir nicht warten, kehren zurück auf den Hauptweg zwischen die riesigen Panzer. Ein russischer Soldat bedeutet Tante Anni mitzukommen, und er führt uns über das Gelände der Vereinslaube in den Garten von Gerhardis. Dort hocken in einer Erdhöhle schon ein paar Leute. Wir können erst mal ausruhen und verbringen hier die Nacht. Ich habe Durst und Hunger, und Tante Anni gibt mir von dem Hundekuchen, den sie immer bei sich hatte für ihren Tappi.

Am nächsten Tag holt uns ein russischer Soldat aus dem Erdloch. Alle müssen raus, denn auf dem »Dach«, einer alten Kabeltrommel aus dem KWO, steht ein großes Geschütz. Wir ziehen also weiter Richtung Wilhelminen-hofstraße und verstecken uns in einer anderen Laube, denn noch immer sind so viele Panzer auf unserem Weg.

Ich finde eine Schlafstelle, etwas bequemer als in dem Erdloch, in einem alten Kleiderschrank auf irgendwelchen Gardinen. Als ich am 25. April die Augen aufmache, steht meine liebe Omi über mir.

Riesengroße Freude, jetzt geht's nach Hause! Mit Franz, einem französischen »Fremdarbeiter«, hatte sie Laube für Laube nach uns abgesucht. Mutter mit dem anderen Bruder sowie Oma waren durch die Truppenbewegungen und das brennende »Fremdarbeiterlager« in der Nalepastraße Richtung Wattstraße abgedrängt und hatten dort in einem Hauskeller übernachtet.

Marianne Bormann, geboren 1937

ANDERE GESCHICHTEN

Wie einige andere meiner früheren Mitschülerinnen hatte sie auf meinen Rundbrief zunächst geschwiegen. Eines Abends dann überraschend ein Anruf. Der Tod stand vor ihrer Tür, und sie begann zu erzählen, ohne dass ich fragte.

Als Wehrmachtshelferin war sie in Berlin-Karlshorst stationiert gewesen. Mit Näherrücken der Front zog sich die Einheit ins Berliner Zentrum zurück, und die Mädchen wurden entlassen. Nach Hause konnte sie nicht; es hieß, die Spreebrücken seien gesprengt. Sie geriet also mitten ins Kampfgeschehen, und es gelang ihr, sich gemeinsam mit einem Soldaten Richtung Westen durchzuschlagen, bis zur Elbe. Aber über den Fluss zu kommen, das gelang nicht, und so hausten sie eine Zeitlang in einem Bahnwärterhäuschen.

Im Juli dann schlossen sich beide einer Gruppe Polen an, die ostwärts zog. Sie radebrechten ihr Schulfranzösisch und ließen die Polen in dem Glauben, sie seien Franzosen, wobei es ein Rätsel blieb, warum es die nach Osten trieb. Geriet der Trupp in Kontrollen der Roten Armee, so hieß es: Alles Polen und zwei Franzosen. Und man ließ sie ziehen.

Irgendwie gelangten sie schließlich nach Berlin, nach Hause, nach Oberschöneweide. Mit den Russen gab es hier keinerlei Berührungspunkte, schon gar keine unangenehmen. Einmal aber – es war März 1946, und sie hatte inzwischen ihr Baby bekommen – einmal, als sie in der

Wuhlheide Spitzwegerich sammelte, durchfuhr sie ein Heidenschreck: Ein Russe beugte sich über den Kinderwagen, der ein Stück entfernt stand, sie schrie auf und stürzte hinzu. Auch das Kleine schrie. Der Soldat war dabei, ein Bonbon auszuwickeln, und er hielt es dem Baby an den Mund.

»Kind hat Hunger«, sagte er lächelnd.

Das blieb die einzige Begegnung mit sowjetischen Armisten, und es war eine freundliche.

◆◆◆

Auch das soll nicht verschwiegen werden:

In der Schöneweider Laubenkolonie am Rheinweg wohnte eine Frau mit ihrer dreizehnjährigen Tochter. Das Mädchen hatte, als die Front über Köpenick hinwegrollte, einem Verbrechen nicht entgehen können – es wurden ja auch Männer aus Strafkompanien in die vorderste Linie geschickt. Eine frische Operationswunde war aufgerissen, das Mädchen schrie und schrie, und nichts gab es, um diese Schmerzen zu lindern.

Kopflos in ihrer Verzweiflung griff die arme Mutter zu einem tödlichen Mittel, um ihre Tochter von den unerträglichen Schmerzen zu erlösen …

◆◆◆

In Köpenick wird gekämpft. Vom Oberschöneweider Marktplatz heulen die Stalinorgeln. Da ist das dunkelhaarige Mädchen in der Edisonstraße, das die letzte Nacht mit den Töchtern eines SS-Manns in dessen Betten kauert, eines Mannes, der seine Familie und sich selber umbringt, nachdem er auch dem Mädchen die Pulsadern aufgeschnitten hatte.

Deren Großmutter karrt sie eilends auf einem Leiter-wagen ins Karlshorster Elisabeth-Hospital. Dort wird sie gerettet, aber sie verliert eine Hand, und die andere bleibt für immer beschädigt. Bis heute verschließt ihr das Trau-ma den Mund – selbst die eigenen Töchter wissen nicht, was ihrer Mutter wirklich geschah. Und lässt es sich gele-gentlich nicht umgehen, Auskunft zu geben, dann mit ei-nem knappen: »Das ist passiert, als die Russen kamen …«

Sie alle haben einen Namen, einen Namen,
den ich kenne, aber ich werde ihn nicht preisgeben,
weil sie selber es nicht wollten oder wollen,
soweit sie heute noch am Leben sind.

DEUTSCHSTUNDE

Es gab dieses kleine Café in der Schöneweider Wilhelminenhofstraße. Hier trafen sich junge Leute, tranken Alkolat und schwatzten miteinander. Hier traf Anita eines
Tages im Jahre 1947 auch Herrn Bulgakow, einen etwas
angejahrten, dunkelhaarigen Russen in Zivil, und kam mit
ihm ins Gespräch.

Anita hatte nämlich Russisch gelernt, kannte sich in
Grammatik und Rechtschreibung aus. Herr Bulgakow
war sehr angetan davon und entwickelte einen Plan. In der
Hauptverwaltung der Sowjetischen Aktiengesellschaften
wurden Lehrkräfte für Deutsch gesucht.

Man vereinbarte ein Treffen bei Herrn Bulgakow in
Karlshorst, dann war die Sache perfekt. Anita war fortan
Deutschlehrerin in der Hauptverwaltung der SAG. Von
nun an fand sie sich jeden Morgen am Bahnhof Karlshorst
ein und bestieg den Bus, der die Angestellten nach Wei-
ßensee brachte. Anita bekam ein Deutschlehrbuch für
Russen in die Hand gedrückt, mit dem sie sich jeden
Abend auf den Unterricht am nächsten Tag vorbereitete.
Es klappte ganz gut. Die Leute waren willig, jedoch mehr
oder weniger sprachbegabt, nun ja.

Die Abteilungsleiter und Direktoren durften Einzel-
unterricht nehmen, sie waren interessiert, aber natürlich
ebenfalls mehr oder weniger sprachbegabt. Privilegierte
hatten das Recht, die Lehrerin zum Unterricht in ihr Pri-
vatdomizil kommen zu lassen.

So auch Herr Achsidorow, der Verwaltungschef. Er bat

Anita in seine Villa, wo alles vom Feinsten war, die Klo-
brille aus Perlmutt.

Herr Achsidorow schenkte schweren süßen Wein ein.
Im Radio wurden russische Volksweisen gespielt.

Anita sagte: »Ich mag die russischen Volkslieder so
sehr.«

Herr Achsidorow sagte: »Ich mag die russischen Lie-
der gar nicht. Ich mag auch die Russen nicht. Ich hasse sie
sogar. Sie haben meine Eltern umgebracht.« Das kam in
verständlichem Deutsch.

Anita schwieg darauf nachdenklich. Herr Achsidorow
schenkte noch mehr Wein ein, Anita musste trinken, bis
sie benebelt und gefügig war.

Sie erzählte ihrem Jugendfreund Günter von dem Ge-
schehnis, konnte es nicht fassen, verstand einfach nicht,
was Herr Achsidorow im Schilde führte.

Ein Sowjetmensch hasst die Russen? Zeigt seinen
Hass ihr, einer Deutschen? Nach diesem Krieg? Wollte er
sie abklopfen? Was bezweckte er damit? Wozu lernte Herr
Achsidorow Deutsch, brauchte eine Privatlehrerin, wo er
es doch ohnehin ganz gut konnte?

Etwa ein Jahr später wurde Anita im Russischlehrer-
seminar Breitestraße, das sie inzwischen besuchte, von der
Direktorin mitten aus dem Unterricht herausgeholt. Männer vom sowjetischen Geheimdienst wollten sie sprechen.
Geheimdienstleute tauchten auch in ihrer Wohnung in
Weißensee auf, befragten sie, und eines Nachts kamen
Männer und holten sie ab, fuhren sie ins Askaniahaus,
fragten sie nach Achsidorow aus und verhörten sie als
Zeugin auf so aggressive Weise, als sei sie selber eine Be-
schuldigte. Anita heulte, fühlte sich gedemütigt bei einer
derartigen Behandlung. Die Untersucher stocherten an-

dauernd in dem einen Punkt herum, was sie über die Beziehung Achsidorows zu der Schauspielerin Sonja Ziemann wüsste. Sie wusste wirklich absolut nichts, sie heulte bloß, und als sie aufs Klo musste, trottete sogar eine Beamtin als Bewacherin mit.

Nach der Vernehmung, die Anita endlos erschien, wollten die Ermittler sie wieder nach Hause fahren. Anita lehnte schroff ab, sie hatte genug von diesen Leuten, fühlte sich zu Unrecht so miserabel behandelt und lief im mitternächtlichen Dunkeln wutschnaubend und gekränkt allein durch die Straßen.

Herr Achsidorow aber, der inzwischen zum Generaldirektor einer bekannten Berliner Schnapsfirma in Hohenschönhausen avanciert war, verschwand von der Bildfläche. Man sagte, alle Beschäftigten, die zu seiner Zeit eingestellt worden waren, seien entlassen worden.

Das war Anitas Berührung mit dem unsichtbaren Feind.

Anita, geboren 1927

AMIGO

Mein Lehrvertrag als Gebrauchswerber bei Peek & Cloppenburg stand kurz vor dem Abschluss. Am 10. April 1941
sollte ich anfangen. Da kam um die Weihnachtszeit ein
Brief von Gustav Amigo, Feinmechanik und Optik, bei
dem meine Mutter früher als Dreherin gearbeitet hatte. Er
fragte an, ob ich nicht bei ihm Industriekaufmann lernen
wolle.

Amigo stand bei uns hoch im Kurs, er war immer ku-
lant zu seinen Beschäftigten gewesen, meine Mutter hielt
große Stücke auf ihn, und mein Vater schlief in der Laube
auf einem ausziehbaren Sessel, der auch von Amigo
stammte. Peek & Cloppenburg wurde abgesagt.

Ab 1. April 1941 radelte ich wochentags durch die Schöneweider Laubenkolonien, über die Stubenrauchbrücke,
durch die Königsheide, Sonnenallee, Hermannplatz,
Kottbusser Tor, Wassertorstraße in die Fürstenstraße zu
Amigo und lernte dort Industriekaufmann.

Amigo machte zwar noch immer Feinmechanik, stellte
aber keine Kinostative oder Ähnliches mehr her, sondern
Flugzeugbordnetzgeräte und komplizierte, aprikosengro-
ße Stecker zum Ausklinken von Torpedos – Amigo war
Zulieferbetrieb für Siemens und Askania geworden, die
für den Krieg produzierten. Die Firma hieß nicht mehr
Gustav, sondern Manfred Amigo, und Manfred war mein
Lehrherr, Halbjude.

Gustav Amigo, der kleine weißhaarige Mann mit der
Nickelbrille, kam jeden Tag mit der Bahn aus Dahlem an-

gefahren, zog sich im Kontor um und hängte seinen Mantel mit dem Judenstern in den schmalen Blechschrank neben meinem mit der braunen Kletterweste, ging in den Nebenraum hinter die Milchglasscheibe und werkelte dort bis in den späten Abend. Marie, Gustavs Frau, eine liebenswerte, stille Wienerin, brachte mir regelmäßig sonnabends zum Arbeitsschluss einen Kosthappen von den Köstlichkeiten ihrer österreichischen Küche, warmen Apfelstrudel, Zimtröllchen oder Mandelkipferln. Eine Tüte voller Brotrinden sollte ich immer für die Karnickel mitnehmen, aber die schafften es meist nicht bis nach Hause, die putzte das große Karnickel weg, denn der Hunger war riesig und die Brotration klein.

Bald konnte ich Steno und Maschineschreiben. Der Chef ließ mich an die Kontokorrentbuchhaltung und wöchentlich den Lohn für die etwa zwanzig Leute in der Werkstatt ausrechnen. Ich tüftelte ein Durchschreibeverfahren aus, zog auf dem Ormigapparat – oh, wie gern schnüffelte ich dieses Trichlorethylen! – die notwendigen Formulare ab und musste fortan jeden Namen nicht viermal, sondern nur noch zweimal in der Woche schreiben. Egiomue, Kaliski, Skiba, Voigtländer ... Ja, der Horst Egiomue. Er war so alt wie ich, etwas kleiner, dunkelhäutig, krauses Haar – ein Mulatte. Aber er durfte bei Amigo keinen Beruf erlernen wie ich, war ja keine »deutsche Rasse«, wenn er auch ein echtes Berliner Mundwerk hatte und sein Vater schon ewig in Deutschland lebte.

Horst war als Botenjunge eingestellt und Mädchen für alles. Als der Betrieb in letzter Kriegszeit nur noch nachts arbeitete und die Bombenangriffe immer heftiger wurden, retteten wir uns in die U-Bahn am Kottbusser Tor oder in den Bunker unterm Moritzplatz. Einmal haben wir den

Rest der Nacht todmüde gemeinsam auf dem roten Kokosteppich in Amigos Kontor verbracht, der Horst und ich. Horst Egiomue, diesen Namen habe ich, wie viele andere Namen, weit über ein halbes tausend Mal in meine Lohnabrechnungen geschrieben, bis der Krieg zu Ende war. Jetzt ist Horst Egiomue aus dem Telefonbuch verschwunden, wohin?

Eines Tages rief mich der Chef: »Fräulein Klein, bitte zum Diktat!«

Ich griff nach meinem Stenoblock und ging in sein winziges Büro hinter der Milchglasscheibe. Er diktierte: »Der Belegschaft meines Betriebes gebe ich zur Kenntnis, dass mein Vater, Herr Gustav Amigo, am (das Datum ist mir entfallen) in Bad Nauheim an einer Herzschwäche verstorben ist ...«

Erst viel später habe ich erfahren, was für eine Herzschwäche das gewesen ist und dass es nicht in Bad Nauheim war, sondern dass der Jude Gustav Amigo am 18. August 1942 in Berlin in der Wuhlheide umgebracht wurde.

Irgendwann danach kam Manfred Amigo mit Werner Schultz, dem Meister, ins Büro und stellte ihn mir als den neuen Betriebsleiter vor. Verdattert erhob ich mich vom Stuhl, streckte dem Schultz die Hand hin und gratulierte ihm. Noch heute brennt mir die Hand vor Scham, wenn ich daran denke.

Dann war der Krieg zu Ende, ich schwang mich auf mein Fahrrad und radelte durch das zertrümmerte Berlin den gewohnten Weg in die Fürstenstraße. Manfred Amigo traf ich an, auch seine Tante Betty Hasenstab und das Kontor sowie die zwei Etagen der Werkstatt voller Rotarmisten.

Ein Teil der Maschinen war schon abtransportiert, die untere Etage ausgeräumt, trostlos sah es aus. Manfred Amigo hat es schwer getroffen. Seinen Vater verlor er an die deutschen Faschisten, seine Existenzgrundlage an deren Feinde – er soll vor Gram mittellos nach England gegangen sein. Ihn gibt es nicht mehr und die Fürstenstraße auch nicht.

MANDAWOSCHKA

Ja, der Klappsessel von Amigo. Viele hatten schon darauf geschlafen, nicht nur mein Vater, sondern auch ich, meine Schwester, auch mein Cousin Georg, der bei der Waffen-SS gelandet war. Und als um Berlin noch gekämpft wurde und ich aus meinem Unterschlupf in der Westendstraße in die Laubenkolonie zurückkehrte, fand ich einen deutschen Soldaten in Uniform vor, der schlief darauf wie ein Toter. Einige Zeit später bezog Stepan Grigorjewitsch Denissenko aus Dnjepropetrowsk die Lagerstätte, ein stämmiger Ukrainer, der in Rathenow stationiert war und in Abständen mit seinem Tanklaster nach Berlin kam, um bei Shell und Olex Benzin zu tanken. War noch kein oder nicht genügend Treibstoff vorhanden, mussten die Fahrer warten und auf ihrem Laster schlafen, manchmal mehrere Tage lang. Das war unbequem, und wir Laubenkolonisten wurden angehalten, für die Soldaten Quartier zu geben.

Stepan quartierte sich also bei uns ein und schlief auf Amigos Klappsessel.

Es ging auf den Herbst 1945 zu, und das Leben war dabei, wieder in geordnete Bahnen zu fließen. Ich arbeitete mit Gisela und Gerda aus unserer Kolonie bei einem Trupp, der im KWO unter Aufsicht sowjetischer Offiziere die Produktionsmaschinen reinigen und frisch einölen musste, damit sie per Bahn zu Reparationszwecken abtransportiert werden konnten. Eine Sauarbeit. Abends sahen wir immer aus wie die Schweine.

Begannen wir die Riesenapparate von oben einzuschmieren, tropfte uns das Öl auf Haar und Kleidung, bis wir unten angelangt waren. Fingen wir von unten an und kletterten nach oben, bedreckten wir uns die Klamotten mit Schmieröl. Es half nichts, wir mussten jeden Abend unter die Pumpe.

Nach solchem Tagewerk hatten wir uns ein Vergnügen redlich verdient, und so zogen wir im Trupp zu Paschotta in die Wilhelminenhofstraße zum Tanz.

Einmal fragte ich unseren Stepan, ob er nicht Lust habe mitzukommen. Er hatte Lust, aber auch einen kleinen in der Krone. Bei Paschotta suchte er sich flugs eine flotte Tänzerin, denn wir Mädels vom KWO tanzten meist miteinander. Als er im Walzerschritt an mir vorüberschwebte, schnappte ich auf, was er zu seiner Partnerin entzückt säuselte: »Äch, ty Mandawooooschka!« Mandawoschka! das klang in meinen Ohren gut, so zärtlich, so innig, so liebevoll, und ich begann fortan, das Wort in meinen noch spärlichen russischen Sprachschatz einzubauen, wo ich nur konnte und wo es mir angebracht schien. Erst viel, viel später, als ich mich intensiv mit Russisch beschäftigte und ein Wörterbuch erworben hatte, schlug ich nach: Mandawoschka, Mandawoschka, da haben wir's! Zu deutsch – Filzlaus!

BAUMSCHULENWEG

Wie Tausende andere in Berlin kampierten wir die letzten
Apriltage 1945 im Luftschutzkeller Scheiblerstraße vier in
Baumschulenweg. Etwa zwanzig Leute waren wir, meist
Frauen, alte und junge, auch einzelne alte invalide Männer
darunter, ich mit meinen dreizehn Jahren die jüngste. Die
Stimmung war gedrückt. In allen rumorte die Angst:
Gleich würden die roten Horden über uns hereinbrechen.

Tatsächlich! Sie sind da, die Russen, hieß es plötzlich.
Und dann kamen sie auch schon in den Keller, erschöpfte,
abgekämpfte, hungrige Gestalten in verdreckten Uniformen, und sie wollten nichts weiter als was zu essen, wollten Wasser, den Durst löschen, fragten nach Brot.

Als dann der Tross heranrückte, blieb es nicht so friedlich. Meine Mutter wollte mit mir hinauf in die Wohnung,
aber im Kellergang trat uns ein Rotarmist entgegen, warf
einen Blick auf mich, einen auf meine Mutter, sagte: »Frau,
komm!« zu ihr, fasste sie am Arm, und sie ließ sich ohne
jeden Widerstand von ihm wegführen – klar, aus Angst.
Zitternde kehrte ich allein in den Keller zurück. Die Leute dort schreckten erst auf, als meine Mutter später weinend wieder der Raum betrat, weinend und schweigend!

Ihr Leben lang hat meine Mutter kein einziges Wort
mit mir darüber gesprochen …

Alle anderen Frauen blieben unbehelligt.

Gerda Siegmund, geboren 1932

WEISSENSEE

Nun ist der Kampf beendet,
die Qual von uns gewendet.
Wir atmen auf seit langer Zeit,
weil wir nun endlich sind befreit.

Das schrieb ich als Sechzehnjährige am 20. April 1945 in
mein Tagebuch. Seit Mitte des Monats hockten wir –
Mutti, meine Cousine Hilde und ich sowie sechs Erwach-
sene und zwei Kinder – in Frau Festers »Bunker«, nahezu
Tag und Nacht. Frau Fester, unsere Nachbarin, hatte ihren
Garten im Ahornweg 18 in der Laubenkolonie »Zur freien
Stunde«. Keiner getraute sich aus dem Erdloch, weil überall geschossen wurde. Frau Fester aber, eine couragierte
Frau, brachte es selbst unter diesen Umständen fertig, einen großen Topf Suppe aus eingeweckten Kirschen zu
kochen, kleinen Waldkirschen, die kaum Fruchtfleisch
besaßen. Doch der Hunger war für kurze Zeit gestillt.

Weißensee wurde am 22. April von der Roten Armee
besetzt und leistete keinen Widerstand, wie wir später erfuhren. Dennoch fielen hin und wieder Schüsse. An einem
dieser letzten Tage trafen drei kleinkalibrige Granaten
unsere Laube. Eine schlug ins Dach der Veranda ein, eine
andere in die Schlafstube, die dritte zerfetzte deren Wand.
Das große Loch sollte mich noch jahrelang in Atem halten.
Auch Frau Festers Laube bekam einen Treffer.

Dann hieß es: Die Russen sind da! Wir hatten bisher
aber keine zu Gesicht bekommen.

Granaten pfiffen uns zwar nicht mehr um die Ohren, die Angst steckte uns jedoch in den Gliedern, der Hunger war groß, aber die Neugierde war noch viel größer. Am meisten plagten sie Frau Fester und meine Mutti. Kaum war der Beschuss über uns hinweggezogen, wollten sie wissen: Was ist aus der Panzersperre an der Falkenberger Straße geworden? War sie wirklich ein Hindernis für den Vormarsch der Roten Armee gewesen, diese lächerliche »Sperre«?

Ob die beiden verrückten Weiber die Panzersperre überhaupt erreicht hatten, weiß ich nicht, jedenfalls machten sie sich auf den Weg. Sie waren schneller zurück als gedacht und brachten zwei Russen mit. Vielleicht hätten die nie oder nicht so schnell erfahren, dass in der Anlage Menschen wohnten. Wir Bunkerinsassen standen bei herrlichstem Sonnenschein im Garten, als die vier friedlich des Wegs kamen: »die Festern«, wie wir sie nannten, Mutti, die beiden Russen und – die Probleme! Spannung lag in der Luft, Erwartung, was nun kommen würde. Ich war mit sechzehn die Jüngste, die ansehnliche Hilde Kiele etwa Mitte zwanzig und die hübsche, trotz schlechter Kleidung attraktive Sonja Mitte dreißig. Der Rest – uninteressant und alt. Na, das war doch was!

Zwar hatten wir schon vor dem Einmarsch von dem berüchtigten »Frau, komm!« gehört, nur fehlte uns die rechte Vorstellung. Die ersten begehrlichen Blicke fielen auf mich, aber Mutti bot mittels ihrer Polnischkenntnisse ihre ganze Überzeugungskraft auf, ich sei ja noch ein Kind. An Hilde und Sonja jedoch ging der Kelch nicht vorüber, sie mussten den Russen in zwei Lauben folgen. Nötigung ist für eine Frau zutiefst demütigend. Beide kamen weinend zurück. Beide hatten Menschliches über sich ergehen lassen müssen, waren aber nicht unmenschlich behandelt worden.

Erst jetzt erkannten wir den Ernst der Lage. Die Neugierde war zunächst gestillt. Hilde und ich wurden im Notausgang versteckt, wo Sonja blieb, weiß ich nicht. Unser Aufenthalt im Finstern ohne Luftzufuhr konnte unmöglich von Dauer sein. Wir zogen um, auf den halbzerstörten Boden von Frau Fester, kampierten einige Zeit auf einem Lager aus Stroh, Decken, Betten und Kissen.

Bis zum endgültigen Kriegsende vergingen noch fünf Tage. Mit einemmal war es still in Weißensee, still in Berlin – eine Stille, wie wir sie kaum noch kannten. Die Waffen schwiegen. Hatten wir den zweiten Mai, den achten? Ich wusste es nicht, empfand nur den herrlichen Frühling. Die Sonne schien, ein warmes Lüftchen wehte, und der Flieder stand in voller Blüte …

Inzwischen waren die Russen überall in Weißensee. Am Orankesee hatten sie Heiden-Heinrichs Gastwirtschaft nebst See sowie das angrenzende Villenviertel und den Obersee beschlagnahmt. Anfangs blieb das Tor zwischen Laubenkolonie und Orankesee offen, nicht lange, dann wurde es für sieben Jahre geschlossen.

Auf der Anlage hatten sich die Russen in ein paar Lauben einquartiert, auch auf Parzelle 16, bei Walter und Annchen Leist, unseren Nachbarn. Die mussten unterdessen auf Parzelle 14 ziehen.

Der Frühling war traumhaft schön, die ersten Erdbeeren reiften, und wieder einmal war die Neugier stärker als die Angst. Hilde und ich, wir machten uns im Erdbeerbeet zu schaffen, äugten hin und wieder zur Nachbarlaube, wer sich da wohl einquartiert hatte. Wir wurden sofort entdeckt, und zwei Russen standen plötzlich bei uns im Garten, Iwan und Wassili begrüßten uns, gingen wieder fort und kamen mit Chleb, also Brot, Speck, Zwiebeln und Öl zurück. Ein bisschen Wodka war wohl auch dabei. Wir saßen zu fünft in der Küche um einen alten, klapprigen Korbtisch herum und feierten das Ende des Krieges. Die Matj, meine Mutti, mit ihrem bisschen Polnisch, war der gute Geist in der Runde.

An diesem Tag lernte ich, wie man Zwiebellauch mit Essig, Öl und Salz isst. Wassili hatte in unserm Garten die Zwiebeln entdeckt. Er schnitt den Lauch ab und fragte Mutti nach Essig. Wir hatten nur Essenz, die mit Wasser verdünnt werden muss. In letzter Sekunde verhinderte ich, dass Wassili die konzentrierte Lösung benutzte.

Jedenfalls konnten Mutti, Hilde und ich uns nach langer Zeit wieder einmal richtig sattessen. Wir trennten uns in gutem Einvernehmen. Zum Schlafen gingen wir zu Klingers in die Buschallee 12a. Nachts wurde ich wach, mir war hundeelend … Eine Weile quälte ich mich. Dann wollte all der fette Speck wieder aus mir heraus.

Den Tag verbrachten wir zu Hause im Ahornweg 17. Wen wundert es, dass sich Iwan und Wassili am späten Nachmittag wiederum bei uns einfanden, mit Essen und etwas mehr Wodka. Der große, schlanke, gutaussehende, etwa dreißigjährige Iwan stammte aus Moskau. Wassili war kleiner, untersetzt, blutjung und schüchtern, ein echter Sibirier aus Irkutsk. Wir saßen diesmal alle in der Stube und ließen es uns den Verhältnissen entsprechend gutgehen. Allerdings zeigte der Wodka bei Iwan allmählich Wirkung. Er bedrängte Hilde unmissverständlich. Was dann folgte, hatte mit Vergewaltigung nichts zu tun: Beide zogen sich auf eine Matratze in der Schlafstube zurück.

Wassili muss wohl genauso unschuldig und unerfahren gewesen sein wie ich, denn er verließ fluchtartig unsere Laube. So blieben die ersten Begegnungen mit Rotarmisten bei mir selber nicht in böser Erinnerung.

Am nächsten Tag entstand Unruhe in der Anlage. Die Soldaten wurden zusammengetrommelt, mussten zu ihren Einheiten und zogen ab. Iwan und Wassili schafften es noch, sich von Mutti, Hilde und mir zu verabschieden. Wassili vergaß bei uns seine kleine Ziehharmonika.

Ein Tag folgte dem anderen, stets begleitet vom Hunger. Jeden beschäftigte unausgesetzt die Frage: Woher bekomme ich was zu essen?

Sonja mit ihren beiden Töchtern hungerte genau wie wir, und sie gab uns zu verstehen, sie würde der Kinder wegen auch mit einem Russen schlafen. Das Tor zum Orankesee stand noch offen. Sonja war eine hübsche Frau, und Russen gab es genug, die wiederum hatten was zu essen. So kamen Sonjas Kinder für die nächste Zeit über die Hungerstrecke. Der Russe, der eine Zeitlang Sonja besuchte, fuhr ein paarmal mit einem Pferdewagen vor unseren Gartenzaun und schüttete Kartoffelschalen auf den Weg, schöne dicke Kartoffelschalen. Die verwandelten sich in unseren Töpfen zu einem undefinierbaren Pamps, aus dem Mutti eine Suppe kochte. Sie schmeckte widerlich. Mutti versuchte danach, aus der Masse Kartoffelpuffer zu zaubern, röstete sie ohne Fett mit etwas Salz auf der Bratpfanne.

Nachdem das Tor zum Orankesee mit Stacheldraht verrammelt wurde, gab es auch keine Kartoffelschalen mehr. Aber inzwischen war die von der Militärverwaltung verfügte Versorgung der Bevölkerung mit Lebensmitteln angelaufen, es gab jedenfalls Brot und Kartoffeln, und im Garten reiften im Herbst die ersten Birnen.

Emmy Härtel, geboren 1928

ROSENTHAL

Da ist diese unsägliche Vorgeschichte.

Mein Vater war als politischer Häftling am 4. April 1943 im KZ Sachsenhausen umgekommen. Von da an war Schluss mit der »privilegierten Mischehe«, meine Mutter musste den Judenstern tragen und kam dann ins KZ Theresienstadt. Dorthin musste ich sie nicht begleiten, weil ich zu dem Zeitpunkt schon über vierzehn war. Dafür wurde ich übers Arbeitsamt Neukölln dienstverpflichtet zur Zwangsarbeit im Straßenbau bei einer Firma in Moabit, Spenerstraße 40. Mit diesem Makel unserer Abstammung ließ man uns beide, meine Schwester und mich, nicht in den Luftschutzbunker An der Priesterkoppel, wohin die Bewohner der Siedlung bei Bombenangriffen flüchteten und wo sie Tag und Nacht kampierten, als die Front näherrückte. »Hier kommt ihr nicht rein, ihr wisst selber, warum nicht«, hieß es lakonisch.

Ulli, die zehn Jahre älter war als ich und hochschwanger, hauste also mit mir in unserem Einfamilienhaus An der Priesterkoppel 10 im Ortsteil Rosenthal des Berliner Stadtbezirks Pankow – als einzige ungeschützt und unbeschützt in der wie leergefegten Siedlung. Bis zum 20. April habe ich noch gearbeitet, danach rückte der furchtbare Beschuss immer näher. Am 21. April konnte man von uns aus nicht mehr in die Stadt, ringsum hagelte es Einschläge. Jetzt ging es mir nur noch darum: Die Rote Armee möge so schnell wie möglich einrücken, dann hätte alles ein Ende, und das Leben würde neu beginnen.

Ich war voller gespannter Erwartung.

Sonntagabend hörten wir ganz nah und deutlich die Stalinorgeln heulen, und die Hoffnung wuchs. Montagmorgen, es war der 23. April und mag gegen acht gewesen sein, trat ich vor die Haustür – da sprangen drei russische Soldaten über den Nachbarzaun und steuerten auf mich zu.

Vor Freude riss ich die Arme hoch. Sie kamen näher, hefteten jedoch ihre Blicke nicht auf mein Gesicht, sondern nein, auf meinen linken Arm, an dem ein paar Uhren prangten. Ich Schaf, ich dummes!

Sie meinten wohl, eine müsste mir genügen, und erleichterten mich um die anderen. Sie drängten mich durch die Hintertür ins Haus, erfassten im Handumdrehn, dass die Luft rein war, und nutzten die Gunst der Stunde. Der eine – für mich ein »älterer Mann um die dreißig«, denn ich war knapp sechzehn –, ein großer Mensch mit blondem Schnurrbart, kapierte schnell, dass ich noch ein Mädchen war, er ließ von mir ab, zog mich hoch, beugte sich über mich, küsste mich auf die Stirn und ging. Ein anderer fingerte ein Passbild aus seiner Uniformtasche, hielt es mir vor die Nase und gab mir zu verstehen, was ein deutscher Soldat mit seiner Frau gemacht hatte. Ich habe mich so vor seinem Abzess am Mund geekelt. Für ihn war es blanke Rache.

Statt eines Zaunes hatten wir eine Hecke. Die geriet plötzlich in Bewegung, ein LKW zwängte sich hindurch, eine Gulaschkanone rumpelte über unsere Beete, ein Zelt wurde aufgeschlagen, ein Biwak errichtet.

Die kämpfende Truppe – lauter junge Burschen um die zwanzig, kein Offizier dabei, die Siedlung leer und keine Hilfe für mich weit und breit. Das geschah im Laufe des Tages, am Montag, dem 23. April.

Meine hochschwangere Schwester hatte niemand be-
rührt, und so kam mir der Gedanke: Jetzt stopfe ich mir
ein dickes Kissen in die Hose unter der Jacke! Noch bevor
ich ein passendes gefunden hatte, kreuzte eine sowjetische
Armee-Sanitäterin bei uns auf und betastete gründlich
Ullis Bauch. Gott sei Dank!, durchfuhr es mich. Wer weiß,
was mit dir passiert wäre.

Am Bunker hatte sich inzwischen Folgendes zugetra-
gen: Wegen zwei Volkssturmmännern jagte man alles, was
Beine hatte, hinaus und trieb die Menge am Kanal entlang
Richtung Karow. Die Häuser in der Siedlung waren also
menschenleer.

Am Reichskanzlerdamm aber gab es ein paar Leute, die
ihre Häuser nicht verlassen hatten. »Du kannst zu uns
kommen, wenn du uns brauchst!«

Das hatte ich im Ohr, als ich mich auf Schleichwegen
über Zäune, die Straße meidend, unter Beschuss zu den
Graubaums durchschlug und dort verkündete: »Bei Ulli
geht's los, die Hebamme muss kommen!«

Die aber wohnte in Niederschönhausen. Uns blieb
nichts weiter, als von Rosenthal aus die Hauptstraße entlang unter Beschuss bis nach Niederschönhausen zu stiefeln, und ich fand auch das Haus der Hebamme. Dort
saßen alle im Keller. Ein Mann verstand Russisch, er
wurde aufgefordert, mich und die Hebamme nach Rosenthal zu begleiten, aber er lehnte strikt ab, draußen
wurde ja geschossen. Lediglich das Wort Akuschjorka,
zu deutsch Hebamme, gab er uns vorsichtshalber mit auf
den Weg.

Ohne Zögern verließ die Hebamme mit mir trotz der
fürchterlichen Schießerei den schützenden Keller. Wir
konnten nicht übers freie Feld, sondern mussten in De-

ckung an den Häusern entlangschleichen und gelangten
so nach Rosenthal zu den Graubaums. Dort wand sich
Ulli bereits auf einem Bett und schrie wie eine Verrückte.
Es war höchste Zeit! Atemlos sank ich auf einen Korbses-
sel und musste die ganze Bescherung mit ansehen. Gott
sei Dank, es ging alles gut, es war ein Mädchen.

Ulli blieb ein paar Tage dort, für mich war jedoch kein
Platz, und ich musste am selben Tag – es war Mittwoch,
der 25. April – unter Beschuss allein nach Hause traben.
Dort spielte sich wieder so manches ab.

Vier Grundstücke von uns wohnte Herr Bär, ein Kommunist, hieß es, an dem im Zuchthaus Brandenburg Ver-
suche mit Spritzen gemacht wurden, die schlimmen Aus-
schlag hervorgerufen hatten. Wie wir war auch er nicht im
Bunker gewesen. Zu ihm flüchtete ich nun in brenzligen
Situationen.

Nach den Kampfhandlungen tauchte ein junger Rotarmist bei mir auf, der trug einen Beutel über der Schulter.
Mir schien, er kannte sich hier aus, war schon da gewesen,
wusste, dass freie Bahn war. Als er mich in die Küche
drängte und mir auf den Leib rückte, stieß ich ihn zurück
und machte ihm radebrechend und mit Gesten klar, dass
mein Vater von den Faschisten umgebracht worden war.
Da zog er aus seinem Beutel Brot und ein Stückchen
Speck, legte beides auf den Küchentisch und wendete sich
unbeirrt wieder mir zu. Ich indessen wich immer mehr vor
ihm zurück zum Fenster, saß schließlich auf dem Fenster-
brett. Da zog er seine Pistole, hielt sie mir an die Stirn –
seltsam, ich verspürte in diesem Augenblick keine Angst,
es war sowieso schon alles egal!

Ich saß wie versteinert, rührte mich nicht, er führte die
Pistole von der Stirn weg über mein linkes Ohr und

drückte ab ... der Schuss ging ins Freie. Der fürchterliche Knall machte mich taub. Ich bedeutete ihm zu warten, hastete zu Herrn Bär, und als der kam und lospolterte: »Was fällt dir ein, meine Tochter ...«, da drehte der Soldat sich auf dem Absatz um, holte aus und schallerte mir eine, dass mir Hören und Sehen verging und ich mich an der Herdstange hinter meinem Rücken kaum noch festklammern konnte. Ach, hätte ich Herrn Bär doch bloß vorher erklärt, was hier losgewesen war! Den Rotarmisten hab ich nie wieder gesehen.

Das von mir so herbeigesehnte Einrücken der Roten Armee endete unter diesen besonderen Umständen zumindest für mich mit einer bitteren Lebenserfahrung ...

Hannelore Kühne, geboren 1929

WEDDING

Wegen Bomben und Tiefffliegern traute sich Ende April 1945 kaum noch jemand auf die Straße. Die etwa vierzig Bewohner unseres Hauses Malplaquetstraße 28 saßen seit ungefähr dem 20. April zusammen im Luftschutzkeller. Ein Mitbewohner, Walter Wiese – ein Kommunist, was aber bis dahin niemand wusste –, wachte mit einigen anderen Männern auf dem Hof und schaute immer mal wieder auf die Straße hinaus.

Eines Tages sagte er uns: Die Russen sind da! Und dann kamen sie auch in unseren Keller. Zwei Soldaten schauten sich um und gingen wieder.

Wir fürchteten uns, denn es war genügend Propaganda über Vergewaltigungen gemacht worden. Zwei junge Mädchen und ich hatten uns Kopftücher umgebunden, damit sie unsere Gesichter nicht sahen. Ich war noch nicht ganz sechzehn.

Nach den Kampfhandlungen verließen wir den Keller, blieben aber noch zusammen: Eine junge Frau mit einem zehnjährigen Mädchen und einem Baby, meine Mutter und ich waren bei einer alten Frau im zweiten Stock untergekommen. Plötzlich polterten zwei asiatisch aussehende Soldaten ins Zimmer und musterten uns. Wir saßen zu dritt auf dem Bett wie die Hühner auf der Stange, guckten angstvoll und dachten, jetzt ist es so weit! Dann – Lärm auf der Treppe, und herein stürzten zwei weitere Rotarmisten, aber mit MP, und prügelten ihre Kameraden per Gewehrkolben die Treppe hinunter.

Später erfuhren wir, Walter Wiese war zur sowjetischen Kommandantur gleich um die Ecke Amsterdamer Straße gelaufen und hatte Hilfe geholt. Es kamen noch öfter Soldaten, die junge Frauen suchten oder auch Uhren. Und Walter Wiese holte immer wieder Hilfe von der Kommandantur.

Als sich alles etwas beruhigt hatte, wollte meine Mutter nach ihrer Arbeitsstelle sehen. Aber keine U-Bahn fuhr, weil der Schacht unter Wasser stand, und in den Bombentrichtern schwammen Leichen. Wir mussten die ganze Friedrichstraße bis zum Halleschen Tor laufen. Hin ging es ganz gut, aber auf dem Rückweg winkte uns an der Ecke Behrenstraße ein Rotarmist mit dem Finger heran. Er führte uns in ein Haus mit einem langen, dunklen Flur bis ganz hinten in eine Küche, wo eine Maria für die dort einquartierten Soldaten kochte. Maria sprach gut Deutsch, und als Erstes schickte sie uns Wasser holen. In einem Riesenbottich schleppten wir von einer Pumpe in der Französischen Straße Wasser heran. Danach sollten wir abwaschen. Berge von Geschirr türmten sich, und wir hatten viel zu wenig Wasser und vor allem kein Spülmittel. Wir haben also abgewaschen, und das Wasser wurde immer fettiger.

Als wir damit fertig waren, sollten wir Kartoffeln schälen. Einen Riesentopf voll. Meiner Mutter wurde das zu bunt, und sie sagte: »Wir müssen jetzt nach Hause. Da draußen auf der Straße laufen noch viele Leute rum, holt euch mal ein paar andere.«

Tatsächlich kamen bald darauf zwei fein angezogene Mädchen herein.

Maria steckte uns zum Abschied je eine große Tüte Mehl und Zucker in die Tasche – das durfte aber niemand sehen – und meinte, wenn wir wollten, könnten wir jeden Tag kommen. Aber leider fuhr ja noch keine U-Bahn. Und täglich sieben U-Bahnstationen von Seestraße bis Fried- richstraße laufen, das war zu viel. So verzichteten wir schweren Herzens auf die Sonderverpflegung.

Erika Schwemin, geboren 1929

NEUKÖLLN

»Lotte, wie hast du das Kriegsende erlebt?«, frage ich meine Cousine.

»Wir saßen wie andere Berliner die letzten Tage im Keller, etwa dreißig, vierzig Leute unseres Doppelhauses, in stickiger Enge und beklemmender Atmosphäre, Frau Witts Hund jaulte unaufhörlich, jemand jammert: Ich bin doch noch so jung!

Plötzlich wummerte es an die Tür. Die Russen! Und dann traten ein paar Männer in fantastisch schicken, sauberen Uniformen auf – wie im ›Zarewitsch‹ ging es mir durch den Kopf –, blickten sich kurz um und verschwanden wieder.

Mein Vater sagte zu mir: Gib mal deine Uhr her. Er ließ sie in der Hosentasche verschwinden. Kurz darauf kamen Soldaten rein, guckten sich schon gründlicher um und wollten ›Uri‹. Mein Vater trickste: Er zog mit spitzen Fingern das Futter aus beiden Hosentaschen – bitteschön, alles leer! –, wobei er in der rechten Hand meine Uhr verbarg. Indessen zerrte einer der Soldaten Frau Weiss raus und verschwand mit ihr auf den Boden, wie sie später erzählte.«

»Was war noch, Lotte? Ist dir nichts passiert? Du warst eine attraktive junge Frau von achtundzwanzig, und da vergreift sich einer an Frau Weiss, die damals um die sechzig war?«

»Ja, wie Tante Berta in Steglitz. Ich hatte mich hinter dem Rücken von ein paar alten Frauen versteckt, auf Rat meines Vaters. Der musste mit Herrn Witt zusammen alle Wohnungsschlüssel an sich nehmen, und sie wollten im Dunkeln über den Hof nach oben ins Haus gehen. Wenig später kam mein Vater allein zurück. Die Russen hatten ihn wieder raus auf den Hof geschickt, vielleicht weil er so fürchterlich krank aussah mit seinem dicken, roten Furunkel an der Nase und dem entstellten Gesicht. Dann fiel ein Schuss. Jetzt haben sie den Erwin erschossen, sagte mein Vater. Was sich tatsächlich da im Hausflur abgespielt hat und warum Erwin Witt daran glauben musste, ob es mit den Wohnungsschlüsseln zusammenhing, das wird niemand jemals erfahren. Jedenfalls schickten sie meinen Vater zu ihrer Armee-Sanitätsstelle, sein Furunkel verarzten. Er kam ganz bepflastert wieder.«

»Ja, das war aber dann schon am Tage. Wie ging es bei euch unten im Keller weiter?«

»Als es hell wurde, wollten wir natürlich da raus, wollten sehen, was oben los war. Auf dem Hof hatten Soldaten ein Biwak errichtet, das waren ältere Männer, sahen aus wie russische Bauern, einer erinnerte mich an Heinrich Georges ›Postmeister‹, auf der Straße vorm Haus standen ihre Panjewagen. Dann kamen andere, die sahen nicht mehr ganz so wüst aus. Einer brachte eine Schüssel und wollte Wasser zum Waschen von mir haben. Ich sollte mich ein bisschen rarer machen, meinte mein Vater.

In unserer Wohnung im ersten Stock hatten die Russen im Schlafzimmer über der Kneipe den Schrank beiseite gerückt und die Wand zum Nebenhaus durchbrochen. Auf unserm Tisch fanden wir fremdes Geschirr von nebenan. In einer Ecke stand hinter der Gardine ein vergessenes Gewehr. Als wir nach oben kamen, waren alle schon weg. Unsere Nachbarn Gollub hatten noch eine intakte Wohnungstür – die anderen waren größtenteils eingeschlagen –, da verbrachten wir die erste Nacht in Gollubs Betten allesamt wie die Ölsardinen in der Büchse und hielten abwechselnd dem Hund von Frau Witt die Schnauze zu. Später sind wir dann zu Fliegners in die Flughafenstraße 44 geflüchtet, die wohnten im Seitenflügel im vierten Stock. Aber auch dorthin kamen die Soldaten.

Die alten Männer auf dem Hof, die vom Panjewagen, waren sehr freundlich. Sie überließen uns einen großen Eimer mit fetter Brühe und Fleischstücken, aber das konnten wir Ausgehungerten mit unseren geschrumpften Mägen so gar nicht essen. Der Tross blieb ein paar Tage und zog dann weiter. Einer drückte mir ein Kommissbrot in die Hand und bedeutete mir: gut verstecken, Kamerad zappzerapp! Ich legte es in der Wohnung auf mein Bett. Als ich es später holen wollte – weg war es! Dafür krabbelte ein ekliges Ungeziefer auf der Decke rum. Eine Laus, sagte mein Vater, der kannte sich aus.

Um die Ecke in der Boddinstraße wohnte ein hohes Tier von den Nazis mit Familie. Dessen Frau warf in Panik ihre kleine Tochter aus dem Fenster im dritten Stock. Sie klatschte aufs Straßenpflaster, Mutti und Frau Witt geradewegs vor die Füße. Mein Vater hat das Mädchen auf seinen Armen weggetragen, zum Friedhof hier unten in der Hermannstraße.«

Liselotte Schneider, geboren 1916

FRIEDRICHSHAIN

Bei dem verheerenden Luftangriff auf Berlin am 3. Februar 1945 wurden wir ausgebombt und sind danach auf Umwegen in der Boxhagener Straße 23 gelandet.

Mitte April saßen wir wie die meisten im Keller, gingen, wenn alles ruhig war, hin und wieder in die Wohnung. Zuletzt wagten wir uns aber nicht mehr hinauf, bis jemand sagte: »Die Russen sind da!«

Nun strömte alles auf die Straße. Und da zog sie durch, die kämpfende Truppe, auf Panzern, Geschützen und Panjewagen – die Boxhagener Straße, die Große Frankfurter Allee, alles übersät von sowjetischen Soldaten.

Die Menschen liefen auf sie zu und begrüßten sie, redeten mit ihnen, sie waren freundlich. Ich stand mit meiner Mutter, meiner Schwester und anderen Hausbewohnern am Straßenrand. Zwei Frauen aus unserem Haus konnten sich mit den Rotarmisten verständigen, und wir hatten den Eindruck, alles läuft gut.

Aber dann kam die Nachhut. Soldaten stürmten in den Keller, standen mit Gewehr oder Pistole vor uns und riefen: »Uri, Uri!« oder auch »Frau komm!« Die Frauen gingen vor lauter Angst mit hinauf in die Wohnungen. Deren Türfüllungen waren meist mit Gewehrkolben eingeschlagen, auch bei uns. Der Kleiderschrank, das gute Erbstück meiner Großmutter, war ebenfalls demoliert.

Ich war damals fünfzehn, meine Schwester ein Jahr jünger. Wir blieben verschont, denn wir haben uns, auch mit Hilfe von Bewohnern, versteckt oder sind einfach ausgerückt. Als es einmal brenzlig wurde, flüchteten wir über den Boden, der zum Vorderhaus führte.

Unser Haus hatte einen Kuhstall. Dort quartierte sich eine Gruppe Rotarmisten ein, ihre Panjewagen und Pferde drängten sich auf dem zweiten Hof. Dann gab es einen Fliegerangriff, und die Bomben trafen genau diesen Hof, aber auch ringsum die Nebenhäuser. Alles, was auf dem Hof lagerte, kam in dem Bombenhagel um: Soldaten, Pferde und Kühe.

Danach mussten wir unser Haus räumen. Wohin sollten wir? Jemand war gegangen und hatte einen Kohlenplatz am Bahndamm der Revaler Straße ausfindig gemacht, wo wir uns für einige Tage einquartierten. Zwischendurch ging immer mal einer der Männer nachsehen, ob wir wohl wieder in unser Haus könnten. Nach dem Bombenangriff war der Rest der Truppe mit den übrigen Kühen abgerückt, und wir kehrten in unsere Wohnungen zurück.

Noch während des Kampfes zog Mutter los und versuchte, Lebensmittel aufzutreiben. Bis zum Küstriner Platz ist sie gegangen, und wir hatten eine Heidenangst um sie, denn noch immer dröhnte der Geschützdonner. Wie erleichtert waren wir, als sie endlich wiederkam, und sie brachte tatsächlich etwas Essbares mit.

Inge Krawczack, geboren 1929

HASELHORST

Auf abenteuerlichen Umwegen war ich 1945 als Siebzehnjährige von Küstrin aus zu meiner Familie nach Hasel-
horst gelangt, einem Ortsteil von Berlin-Spandau. Wir
wohnten in einem viergeschossigen Häuserblock des Bur-
scheider Wegs, Aufgang 8c, und teilten uns den Luftschutzkeller mit dem Nebenhaus. Etwa dreißig Frauen
und Kinder hockten da zusammen, die Gemeinschaft
schon gewohnt durch ständigen Fliegeralarm, die letzten
Apriltage aber in besonders niedergedrückter Stimmung
und Angst vor dem, was da im Anrollen war. Der Geschützdonner dröhnte.

Dann hieß es: Der Russe ist da!

Gleich darauf kamen sie in den Keller, junge Soldaten
der kämpfenden Truppe, leuchteten mit großen, hellen
Stablampen den halbdunklen Raum ab, und in wenigen
Minuten waren sie wieder verschwunden.

Wir gingen alle zurück in unsere Wohnungen, wo die
meisten Fensterscheiben zersplittert herumlagen. Später
hieß es dann, im Nebenaufgang, oben im dritten Stock, sei
es einer Frau schlecht ergangen. Aber alle Frauen meiner
gesamten Familie in Berlin blieben unbehelligt.

Kritisch wurde nach Einnahme der Stadt für mich etwas ganz anderes. Alle Männer unserer Familie hatten an
der Front gekämpft, und ihre Fotos bekamen einen Ehren-
platz in den Wohnungen, und natürlich wurde von den
Männern in Uniform da oft gesprochen. Unergründlich
blieb es aber für mich, warum mein kleiner Bruder

Fritz-Rudolf, ein Nachkömmling, immer »Heil Hitler!« sagen wollte, wenn wir einem Mann in Uniform auf der Straße begegneten. Ich hatte meine liebe Not mit ihm. Es machte sich nicht gut bei den Rotarmisten, und er war dickköpfig und noch zu klein, um das zu begreifen.

Christel Gieseler, geboren 1928

NOCH EINMAL
SCHÖNEWEIDE

Inge aus meiner Laubenkolonie, mit der ich früher per Rad zur Schule fuhr, wollte nicht darüber reden, als ich sie nach ihren Erlebnissen 1945 fragte. Ich befürchtete Schlimmes. Erst Jahre später entschloss sie sich dazu.

»Wie war das damals, als der Krieg zu Ende ging, Inge?«

»Ach, das ist so lange her, vieles ist mir nicht mehr im Gedächtnis. Ich weiß nur noch, meine Eltern hatten eine Kabine im Bunker am Wilhelmstrand. Sie schliefen dort, denn Vater war krank, ich musste ihn oft mit dem Handwagen transportieren. Viele Nächte verbrachte ich allein zu Hause. Aber als die Front näher rückte und der Geschützdonner dröhnte, blieb auch ich in der Kabine. Dann waren die Russen da! Wir sollten raus aus dem Bunker – war es Tag oder Nacht, jedenfalls bullerte die Artillerie, und Leuchtkugeln schossen in den Himmel. Wir liefen nach Hause. Unsere Laube war voller Soldaten.

Hier konnten wir nicht bleiben und zogen über die engen Straßen am Fuchsbau nach Karlshorst. Ein Betriebsbahnhof, daneben ein Wärterhäuschen. Die Leute dort gewährten uns ein paar Tage Unterkunft. Mutter ging bisweilen nachschauen, ob noch immer Soldaten in unserer Laube kampierten. Endlich waren sie weg, und wir kehrten nach Hause zurück. In den Wirrnissen jener chaotischen Zeit ist mir nichts passiert, aber vorsichtshalber versteckte ich mich mit meiner Freundin Irmchen auf deren Dachboden.«

Inge Lang, geboren 1926

ERKNER

Am 21. April 1945 wurden bei uns in Erkner hundert Gramm Brot der Lebensmittelmarken »aufgerufen«, das hieß gerade mal eine Scheibe für jeden. Meine Mutter schickte mich zum Bäcker in der Waldstraße.

Ich radelte los, erfuhr beim Bäcker Neuigkeiten und bekam einen Kanten Brot, dunkel, nass und schwer. Ich ahnte nicht, dass ein paar hundert Meter weiter die ersten sowjetischen Panzer auf unsere Stadtgrenze zurollten, und strampelte über die menschenleere Buchhorster Straße nach Hause, strampelte, während mir andauernd Kugeln am Kopf vorbeipfiffen.

Meine Eltern wunderten sich nicht mal, dass ich noch lebte, fanden nur das Brotende zu klein. Ich berichtete, dass wir Erkner räumen und nach Köpenick fliehen sollten. Die russische Artillerie schoss aber schon bis nach Köpenick hinein, also blieben wir. Mit ein bisschen Gepäck krochen wir in unseren Bunker – ein rundes Erdloch, das mein Vater gegraben und mit Brettern abgestützt hatte. Wir sahen noch, wie ein deutscher Deserteur auf unser Haus zugerannt kam, überlegten blitzschnell, was zu tun sei, aber er hastete schon weiter.

Als wir von Leuten hörten, die Russen seien in Erkner einmarschiert und die Stadt sei kampflos übergeben worden, da dachten wir: Endlich, endlich ist es vorbei! Mein Vater sagte ein ums andere Mal: »Das ist eine disziplinierte Truppe, sonst wären die gar nicht so weit gekommen.«

Unerwartet fand sich Vaters Freund Karl ein, lehnte sein Fahrrad an den Zaun und wollte uns bitten, seine Tochter Meta zu verstecken.

Plötzlich schrie er: »Hermann, Hermann, guck doch bloß, der Russe haut mit meinem Rad ab!« Unvorstellbar!

Wir erkundigten uns, was in Erkner los war und ob es was zu essen gab. Ich zog Vaters Regenmantel an, der mir bis zu den Knöcheln reichte, band ein schwarzes Kopftuch um und klebte mir ein Pflaster mit schwarzer Ichtolansalbe ins Gesicht – vorsichtshalber.

In der Stadt hingen überall Plakate mit Stalins Ausspruch: »Die Hitler kommen und gehen, das deutsche Volk aber bleibt.«

Dann die ersten Panjewagen mit Pferden davor, hochbeladen mit requirierten Matratzen. Wie lange wohl hatten die Soldaten auf der Erde schlafen müssen? Und immer wieder die Frage nach Armbanduhren. Es hieß, den kämpfenden Truppen in der vordersten Linie sei erlaubt, drei Tage zu plündern. Spätere Aussagen darüber fielen widersprüchlich aus.

Wir jedenfalls bekamen Angst und wollten schnell nach Hause, unterwegs erwischte uns aber die Militärpolizei und nahm uns mit zur Kommandantur in der Neu-Zittauer-Straße bei der Alten Försterei.

Im Hof hier stand ein Geschütz und feuerte mit ohrenbetäubendem Krach nach Berlin rein. Wir fuhren bei jedem Schuss zusammen. Einer nach dem anderen wurden die Aufgesammelten in einen großen Raum gerufen. Wir befürchteten Schlimmes. Dann hieß es, alle Spezialisten, Facharbeiter, Ingenieure behielte man dort für den Wiederaufbau in der Sowjetunion.

Wir durften gehen und stürmten nach Hause.

Von nun an verdunkelten wir wieder die Fenster, denn die Soldaten kamen auch nachts. Wir drei Mädchen, Meta, Hilde und ich, wir versteckten uns auf dem Dachboden. Plötzlich Tiefflieger. Einschläge fegten krachend über die Dachziegel, galten offenbar der nahen Flakstellung.

Voller Angst flogen wir die Treppe hinunter und suchten Schutz unter den Kellerstufen, sehr eng war es dort für uns drei Mädchen.

Da, Soldaten polterten mit schweren Stiefeln über unseren Köpfen treppab.

Einer sah offenbar Metas Stiefel unterm Vorhang, schrie: »Njemezki Soldat!« und riss seine Waffe hoch. Vater packte ihn von hinten, er aber dreht sich blitzschnell um und zielt auf Vater. Im selben Moment springe ich aus dem Versteck und gehe ihm an den Kragen. Er wendet sich um, legt auf mich an, lässt die Waffe aber sinken, erkennt, dass ich ein wehrloses Mädchen bin.

Nach dem Tieffliegerangriff holten wir unsere Matratzen aus dem Schlafzimmer und nächtigten im Keller.

Eines Nachts kamen wieder Soldaten. Einer zündete Kerzen an und drückte jedem von uns eine in die Hand. Das ist das Ende! Ich schwitzte Blut und Wasser vor Angst, meinte, die Kerze in meinen Fingern müsse weich werden und sich biegen. Der Rotarmist nahm die Mütze ab, strich sich ein paarmal mit der Hand über den kahlen Kopf und sagte: »Gjobbels Propaganda Russki Satana!« Er jedoch hatte keine Hörner, und die Kerzen waren seine Friedenszeichen!

Drei Tage hintereinander kam ein russischer Soldat mit wehendem Umhang den Weg zu uns raufgerannt und fragte nach der Tochter.

Meine Mutter hatte genug und schickte mich kurzerhand zu einer Bekannten. Eine resolute alte Dame, die den jungen Soldaten auf die Finger klopfte, wenn sie an ihre Schubkästen wollten. Hier wohnte ich ein paar Tage, aber auch hier war es nicht anders. Nachts hämmerte es an die Tür. Soldaten mit umgehängten Maschinenpistolen. Ich kroch in den flachen Bettkasten – sie setzten sich auf das Sofa! Ich kriegte Platzangst, bekam keine Luft mehr, bloß raus, raus! Verdutzte Gesichter gab es, sonst nichts. Also zurück nach Hause.

Von eingelegten grünen Tomaten konnten wir nicht leben. Drei, vier Stunden standen wir nach Klietschbrot an. Meine Mutter entschloss sich, Seife aus unserem früheren Laden gegen Essbares zu tauschen. Ich wartete derweil vor der Armeeunterkunft an der Wiesen-/ Ecke Spreestraße auf sie. Vielleicht bringt sie Speck oder Kartoffeln mit?

Auf einmal steht da ein junger Soldat, reicht mir sein Kochgeschirr über den Zaun und sagt: »Du essen!« Ich überlege nicht lange, packe zu, greife nach dem Löffel in seiner Hand und schlinge hinunter, was da im Topf ist: Wohl Pferdefleisch und daumendicke Roggenmehlnudeln.

Noch nie im Leben hat mir etwas so gut geschmeckt!

Eines Abends – fürchterliche Knallerei. Geht es etwa wieder los?

Nein, zum Glück die Siegesfeier zum 8. Mai 1945!

Dass es trotz Vaters Meinung von der »disziplinierten Truppe« zu Übergriffen kam, wurde uns erst nach dem Krieg klar. Wie hatte doch die deutsche Wehrmacht in der Sowjetunion gewütet! Die Heimat der Russen in Schutt und Asche, fast jede Familie beklagte Tote, sie hatten den

Krieg nicht gewollt. Der Hass auf die Deutschen war groß, und manch einer übte Rache. Sie hatten die größte Last des aufgezwungenen Krieges und die meisten Verluste zu tragen. Trotz alledem: Für mich waren die Soldaten der Roten Armee unsere Befreier vom Faschismus.

Eva Kruhöffer, geboren 1927

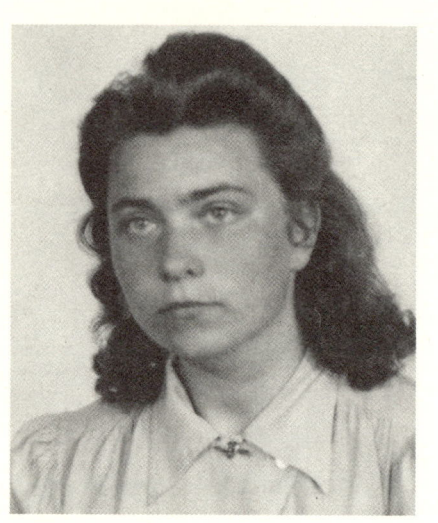

BEIM TOMMY GELANDET

Meine Mutter hatte Angst vor dem Endkampf, wollte raus aus Berlin.

Bei einer Bekannten am Stadtrand übernachteten wir das erste Mal. Dann kam alles anders, als wir dachten. Der Kampf um Berlin tobte, im Norden stießen sowjetische Armeeeinheiten weiter vor, trieben uns bis nach Mecklenburg, gemeinsam mit anderen Flüchtenden. Eines Tages standen wir an der Demarkationslinie des von englischem Militär besetzten Territoriums. Hier wurde unsere Flüchtlingsgruppe von einem Trupp Tommys aufgehalten, und jeder von denen nahm einen Deutschen aufs Korn und filzte ihn. Obwohl auch Männer unter uns waren, widersetzte ich junges Mädchen mich als Einzige. Ich knurrte den Tommy vor mir böse an, warf ostentativ meine Arme auf den Rücken und starrte ihm in die Augen. Da hatte er wohl kapiert, woran er bei mir war, und wandte sich ab. Meiner Mutter konnte ich nicht mehr helfen. Sie war ihren Schmuck schon los. Man wies uns zur Nacht in eine Scheune ein, die schon voller Flüchtlinge aus dem Osten war, Ostpreußen, Pommern.

Am nächsten Tag sagte ich zu meiner Mutter: »Ich werde mal einen der Tommys fragen, in welche Richtung wir weitergehen sollen.« Eine der Flüchtlingsfrauen mischte sich ein: »Um Himmels willen, zeigen Sie den Tommys bloß nicht, dass Sie Englisch können! Gestern hatten wir schon dasselbe, mit der Frau sind sie gleich ins Gebüsch gegangen!«

Ich guckte mir daraufhin die Soldaten alle genauer an und suchte mir einen aus, den ich mich zu fragen getraute. Mit einem Ehepaar sind wir dann weitergezogen und landeten in Stöllnitz, einem Dorf. Hier verbrachten wir die Nacht im Stall, weil im Bauernhaus nichts frei war. Als wir am nächsten Morgen aufbrachen, rannte uns die Wirtschafterin des Bauern nach und rief: »Frau, Frau, Sie können hierbleiben. Unser französischer Kriegsgefangener muss sich zur Rückführung melden, da ist seine Kammer frei.« So sind wir also in Stöllnitz geblieben. Gemeinsam mit anderen Flüchtlingsfrauen hab ich auf einem nahen Gut für die Engländer Wäsche gewaschen. Bezahlt wurden wir in Naturalien.

Bald kamen einige Frauen zu mir und beschwerten sich, die meisten Lebensmittel seien nicht mehr genießbar. Ich gab die Beschwerde an den für unsere Arbeitsgruppe Zuständigen weiter. Der veranlasste daraufhin, dass ich künftig vor der Ausgabe mit dem Koch die Vorratsschränke durchgehen musste, er zeigte mir, was er ausgeben wollte, und ich sagte ja oder nein.

Eines Tages ging das Gerücht durchs Dorf: »Die Russen kommen!« Da beraumte der britische Kommandant eine Versammlung der Dorfbewohner an und drohte, wer Gerüchte verbreite, müsse mit Sanktionen rechnen.

Am nächsten Morgen waren die Tommys weg und die Russen da.

Unter den Briten war auf den Äckern alles liegengeblieben. Unter den Russen fing die normale Feldarbeit wieder an. Die Felder wurden von den teils meterhohen Disteln befreit. Ich arbeitete im Schweinestall, nebenan eine große Halle, in der die Wolle der geschorenen Schafe lagerte. Hier hörten wir erstmals den Begriff Volkseigentum, und wir dachten, nun gehöre alles uns, und bedienten uns bei der Wolle, wollten Pullover stricken. Der wachhabende Russe im Schweinestall bemerkte offensichtlich, dass wir klauten, unternahm aber nichts. Nach der Arbeit wollte ich in unser Dorf zurück, da begleitete er mich. Mir schien, er wollte mir zeigen, dass er Bescheid wusste, es aber tolerierte. Dennoch wurde ich nervös, rechnete jeden Augenblick damit, ich müsse meine Tasche aufmachen, die war ja voller Schafwolle. Aber nichts dergleichen passierte.

Wir wohnten im sogenannten Ausbau, das waren drei Gehöfte außerhalb des Dorfes. Es geschah, dass aus anderen Dörfern Russen kamen, um Frauen zu holen. Wir meldeten das stets der Kommandantur, aber meist war es zu spät, auf Pferden waren sie schnell davon. In unserem Dorf lief alles normal, von Übergriffen habe ich nichts gehört. Nach einem dieser Überfälle kam es zur Diskussion mit einem jungen russischen Offizier, der Deutsch sprach. Offenbar nervte ihn, dass immer wieder geklagt wurde, und da brach es aus ihm heraus: Deutsche Soldaten hatten sein zweijähriges Kind umgebracht, es an den Beinen gepackt und mit dem Kopf gegen die Mauer geschlagen. Dann wandte er sich brüsk ab und ging schnellen Schrittes davon, Verzweiflung und Wut verbergend.

Die Zeitungen brachten den Aufruf an alle Berliner, sich in der Stadt zurückzumelden, sonst ginge ihnen das Wohnrecht für Berlin verloren. Im September 1945 sind wir also wieder nach Berlin zurück.

Gisela Fritzsche, geboren 1927

SACHSENHAUSEN

Nachdem meine Mutter und ich vor dem Endkampf in Berlin gen Norden geflüchtet, dort zunächst beim Engländer, dann beim Russen gelandet waren, kehrten wir also im September 1945 nach Berlin zurück.

Meine Mutter fand Arbeit bei der Enttrümmerung. Eines Tages kam sie zur gewohnten Zeit nicht nach Hause, auch am Abend war sie noch nicht da. Ich dachte zuerst, sie hat vielleicht Bekannte getroffen und ist bei ihnen geblieben. Aber dann klingelte es an der Wohnungstür. Ein sowjetischer Offizier holte mich zu einer Befragung ab, die in einer Wohnung stattfand. Zum Schluss übersetzte die Dolmetscherin: »Sie sind frei«, und ich durfte nach Hause gehen. Meine Mutter aber blieb auch die Nacht fort.

Am nächsten Tag erschien Werni, ein Junge aus unserer Jugendgruppe, der besser Bescheid wusste als ich, weil er im Gegensatz zu uns die Zeit seit Kriegsende in Berlin gelebt hatte. »Schönen Gruß von meiner Mutter, du sollst zu uns schlafen kommen.« Ich lehnte ab: »Danke, ich warte lieber hier auf meine Mutti.«

In diesem Augenblick läutete es wie am Vortag, und derselbe Offizier forderte mich auf mitzukommen. Vor der Haustür stand ein vollbesetzter PKW, man rückte zusammen, und ich quetschte mich hinein. Die Fahrt ging nach Niederschöneweide. Das Gebäude gegenüber meiner alten Schule in der Hasselwerder Straße war damals NKWD-Zentrale. Dort wurde ich zusammen mit einem anderen Mädchen im Souterrain untergebracht. Ich konnte auf einem Sofa schlafen, die Männer dagegen kampierten im Nebenraum auf dem Fußboden. Als einmal zufällig die Türen der im Flur gegenüberliegenden Räume gleichzeitig aufgingen, sah ich meine Mutter. Ich war entsetzt und gleichzeitig beruhigt, sie in der Nähe zu wissen.

Der sowjetische Geheimdienst interessierte sich für mich, weil man mich zum Kriegsnotdienst im Reichssicherheitshauptamt verpflichtet hatte, und ich musste alle naselang zum Verhör. Da es kein Vergnügen war, in schlappenden Schuhen ohne Schnürsenkel treppauf und treppab zu laufen, sagte ich einmal in einer Denkpause laut und vernehmlich: »Im Übrigen möchte ich meine Schnürsenkel wiederhaben! Ich werde mich damit schon nicht erhängen!« Wirklich, ich ging aus dem Verhör mit meinen Schnürsenkeln! Meine Mutter wurde nach nur einer einzigen Vernehmung anscheinend uninteressant.

Wieder einmal vernommen, sah ich vom Fenster aus, wie meine ehemalige Mitschülerin Herta aus dem Schulgebäude gegenüber trat, und ich dachte bei mir: Ach Herta, wenn du wüsstest! Wenn ich doch jetzt mit dir sprechen könnte! Mal zog sich eine Vernehmung bis über die Mittagszeit hin, die Offiziere und Dolmetscher bekamen ihr Essen gebracht, und sie ließen auch mir eins kommen. Anfangs lehnte ich ab, aber die Dolmetscherin redete mir zu, ich gab nach, und so hatte ich nun auch ein richtiges Mittagessen im Bauch.

Eines Tages – wieviel Zeit war wohl vergangen? – mussten wir uns versammeln und wurden mit einem Laster nach Hohenschönhausen transportiert.

Dort brachte man uns in einem großen Saal unter, wo schon viele Frauen lagerten. In der ersten Nacht gab es noch keine Strohsäcke für unsere Betten, ich kroch mit meiner

Mutter auf eine Lagerstatt, wir kuschelten uns aneinander und wärmten uns. Am nächsten Tag wurde das geändert.

In Hohenschönhausen hörte ich von Heinrich George, der hier schon angefangen hatte, eine Theatergruppe aufzubauen. Eine Schulfreundin meiner Mutter, die auch im Lager war, fragte sie eines Tages, ob sie nicht für Heinrich George Strümpfe stopfen wolle. Sie wollte. Und sie konnte gut nähen, so hat sie Georges Strümpfe nicht gestopft, sondern zum Erstaunen aller neue Füsslinge angesetzt. Woher sie das Material hatte, blieb ein Rätsel. Zu diesem Zeitpunkt hatte ich noch keinen persönlichen Kontakt zu Heinrich George, der ging über dritte Personen.

Bald darauf wurde ich krank, ich hatte mir schon im Krieg eine Gastritis zugezogen und dachte immer, es sei der Magen. Eine der Frauen wärmte einen Ziegelstein und legte ihn mir auf den Leib, da wurden die Schmerzen noch schlimmer, und jemand forderte den Arzt an. Eine Ärztin erschien und stellte fest, mein Herz sei die Ursache. Unglücklicherweise ging zu diesem Zeitpunkt der Transport nach Sachsenhausen ab, und ich fuhr mit anderen Kranken auf einem Lastwagen mit. Soweit ich mich erinnere, starb einer der Kranken unterwegs. Während einer Pullerpause stapfte ich mit einem Wachposten in ein Waldstück hinein. Mir war es peinlich, vor diesem jungen Mann die Hosen runterzuziehen! Der bewies aber Anstand und drehte sich um. Da schoss es mir durch den Kopf: Abhauen! Aber im selben Augenblick dachte ich an meine Mutter und kletterte freiwillig wieder auf den Wagen.

In Sachsenhausen wurden wir in Baracken untergebracht, und als das Frauenlager gefüllt war – wir hatten noch mehr leere Baracken dazubekommen –, waren wir etwa tausend Frauen.

Fast täglich hatten wir Arbeitseinsatz, meist Kartoffel-schälen. Die Russen fuhren im Herbst umher, schafften Kartoffeln ran, auf einem freien Platz im Lager wurden sie von uns verlesen und von den Männern in einen Lager-raum gebracht. In Sachsenhausen wurde mächtig gehan-delt, alles musste jedoch mit Brotscheiben bezahlt werden, anders ging es nicht.

Dreimal am Tag gab es Suppe, und jeder bekam drei-hundert Gramm Brot. Irgendwann – war es 1947? – wur-de die Ration erhöht, und für Arbeitseinsätze gab es zu-sätzliche Verpflegung. Auch Tabak war dabei. Eine junge Frau in unserer Baracke, womöglich eine frühere Prosti-tuierte, rauchte sehr gern. Sie bat mich: »Giselchen, lass mich mal ziehn.«

Ich entgegnete: »Ich lass dich nicht ziehen, Lola, du kriegst die Hälfte von der Zigarette!« Das haben wir dann öfter so gemacht.

Eines Tages revanchierte sich Lola. Jedem stand nur eine Schlafdecke zu, das wurde kontrolliert. Wer mehr hatte, musste eine abgeben. Eine Decke war mir im Winter zu wenig, ich hatte mir eine zweite organisiert, und die war plötzlich verschwunden. Ich erzählte Lola davon, die nahm mich mit zur Leiterin unseres Frauenhauses, Frau Bluhm, eine Österreicherin. Dort forderte Lola, die alle duzte, unmissverständlich: »Hör mal, Frau Bluhm, gib mal Giselchen die Decke wieder!« Am Ende bin ich mit meiner zweiten Decke rausgegangen. Leider weiß ich nicht, was aus Lola geworden ist.

Dann geschah etwas Unangenehmes. Es gab das soge-nannte Vorlager, in dem alle Kräfte untergebracht waren, die mit der Lagerleitung zu tun hatten. Zu der Zeit ging eine Gruppe Rotarmisten durch die Baracken und suchte

Frauen und Mädchen für die Reinigung im Vorlager aus. Einmal war auch ich dabei. Man sagte uns nicht, Sie kommen zu dem und dem, sondern wir wurden verteilt, wie man Äpfel unter Kindern verteilt, und wir kannten die Namen der Offiziere nicht. Einer jedoch wurde Fotograf genannt; er pflegte seine Reinigungskräfte zu fragen, ob er sie fotografieren dürfte. Als diese Frage auch mir gestellt wurde, wusste ich, dass ich beim Fotografen gelandet war. Er öffnete seinen fast leeren Garderobenschrank – in einem der Fächer ein Spitzenkleid, darunter ein Paar Damenschuhe aus Leder. Er bitte mich, sagte der Mann, die Sachen anzuziehen, falls ich einverstanden sei. Ich stand und guckte mir Kleid und Schuhe an und überlegte, und schließlich sagte ich, nein, ich möchte nicht. Der Schrank wurde zugemacht, und der Fall war erledigt.

Zur Mittagszeit servierte man dem Fotografen sein Offiziersessen und mir mein Interniertenessen. Wir saßen uns am Tisch gegenüber und löffelten, und es kam zu einem Gespräch. Da fiel der Satz: »Deutsche haben keine Kultur.« Ich junges Mädchen hätte nicht über deutsche Kultur diskutieren können, aber ich wollte mich revanchieren, denn ich fühlte mich doppelt beleidigt, als Deutsche und als Internierte. Schon immer neugierig, hatte ich im Raum Dinge entdeckt, die ich mir damals noch nicht erklären konnte, und so entgegnete ich gekränkt: »Ihre Kultur ist auch nicht viel besser, bei Ihnen liegt der Teppich auf dem Tisch und das Tischtuch auf dem Fußboden!« Darauf geschah nichts. Er antwortete nicht, er überlegte.

Nach getaner Arbeit fragte ich, ob ich am nächsten Tag wiederkommen solle. Er meinte: »Wenn Sie wollen, kommen Sie, wenn nicht, dann schicken Sie jemand anderes.«

Ich wollte nicht, ging zu unserer Leiterin und bat sie, eine andere Frau zum Fotografen zu schicken. »Na, da geh ich in Baracke soundso«, kam es lakonisch, »da sind Frauen, die machen das gern.«

Ich dachte, damit sei der Fall erledigt. Plötzlich wurde ich aufgefordert, mich bei der Zivilen Lagerleitung zu melden. Die ZLL setzte sich aus Internierten zusammen. Es ging um das Thema Aussuchen von Frauen für die Vorlagerreinigung. Man bat mich, über das Gespräch nichts verlauten zu lassen, und daran hielt ich mich. Nun geschah Folgendes: Meine Lagerleiterin wollte wissen, worum es bei der ZLL gegangen war. Ich hatte zu schweigen versprochen und sagte nichts. Sie versuchte im Guten wie im Bösen, aus mir was herauszuholen – ohne Erfolg. Zuletzt wandte sie sich an Maria. Maria war eine Angehörige der Roten Armee, eine Pilotin, die im Kampf einen Arm verloren hatte, in Gefangenschaft geraten war und nun eine Zeitlang bei uns in Quarantäne leben musste. Maria hat es also bei mir versucht, aber als ich auch ihr gegenüber schwieg, klopfte sie mir auf den Rücken und sagte: »Gut Mädchen!«

Die Zivile Lagerleitung hatte etwas unternommen, denn von da an hörte das Aussuchen der Frauen nach der bisherigen Methode auf, und es kamen offizielle Anforderungen – ein Zeichen dafür, dass die Zivile Lagerleitung nicht nur ein politisches Aushängeschild war, sondern auch Kompetenzen besaß.

Manchmal gelangten Zeitungen »von draußen« zu uns. Außerdem kam die offizielle Anfrage, ob wir die Suppe lieber dicker und weniger oder dünner und dafür mehr haben wollten. Wir Frauen wussten schon, was die dünnen Suppen für Konsequenzen haben konnten, und plädierten für weniger und dicker, was mochten wohl die Männer entschieden haben?

Viele von uns besaßen keine Wintersachen, sondern nur das, was sie bei der Festnahme am Leibe trugen. Frauen von uns hatten herausgefunden, dass es unter den Kartoffelsäcken welche mit Querfäden gab, die elastisch waren. Also wurden Säcke geklaut und die brauchbaren Fäden herausgezogen. Eine Frau strickte – woher mochte sie die Stricknadeln haben? Weißt du, Mutti Holz, ich gebe dir was ab, sagte sie und gab so viel, dass es nicht mehr für ihre eigene Arbeit reichte.

Ich fühlte mich verpflichtet, ihr diesen Teil zu ersetzen, beschloss zu klauen, war darin natürlich ungeübt und wurde erwischt. Der Aufsichtsführende Zenka hatte was gegen Diebstahl, geriet in Wut, griff sich einen Knüppel und zog mir eins über. Es gab blaue Flecken. Ein Mann aus der Gruppe, welche die guten, verlesenen Kartoffeln in den Lagerraum schaffte, kam später zu mir und sagte: »Sie sollen mal zu Zenka kommen.« Gemeinsam gingen wir in den Lagerraum. Dort saß Zenka mit ein paar Männern, sagte was auf Russisch zu mir und hielt mir seine Zigarettenschachtel vor die Nase. Ich aber hatte meinen Stolz. Doch die Männer redeten mir zu; sie hatten sich für mich eingesetzt und zu Zenka gesagt: »Gut Mädchen!« Schließlich nahm ich die Zigarette doch, und die Sache war erledigt.

Wir Frauen hatten eigentlich immer Arbeit, aber nur körperliche, die geistige kam zu kurz. In meiner Baracke unterrichtete eine Frau die Interessierten in Russisch, aber jemand musste es wohl gemeldet haben, denn es kam die Anweisung, das zu unterlassen. Die einzige Möglichkeit für geistige Betätigung war Theaterspielen. Ein junges Mädchen aus meiner Baracke wurde in der Theatergruppe von einem Artisten ausgebildet. Sie vermittelte mir ein Gespräch mit Heinrich George. Eines Tages war ich mit ihm verabredet, ich sollte auf dem Appellplatz auf ihn warten.

Heinrich George kam gemütlich über den Platz spaziert, er hatte immer eine Sondergenehmigung. Schlanker war er geworden, jawohl, aber nicht Haut und Knochen, wie später behauptet wurde. Heinrich George hatte schon seine Einweisung ins Krankenrevier, und er bat mich, ihn dort aufzusuchen. Ich sollte ihm Texte vorlesen, die er selber aussuchen wollte. Dazu ist es nicht mehr gekommen. Heinrich George verstarb nach der Operation. Zwei oder drei Tage vor seinem Tod habe ich noch mit ihm gesprochen.

Eines Tages – große Heiterkeit in unserem Frauenlager: Aus einem Erdloch krochen plötzlich zwei Männer, die offenbar aus dem Karzer ausgebrochen waren und sich einen Gang gegraben hatten in der Hoffnung, in die Freiheit zu gelangen, aber sie landeten – im Frauenlager!

Hier in Sachsenhausen wurden auch Kinder geboren, die in einem gesonderten Raum unserer Baracke untergebracht und in ständiger Obhut waren. Die jungen Mütter konnten jederzeit zu ihren Babys.

Unterhaltung mit den Männern war uns verboten. Wir taten es trotzdem durch den Zaun und wurden denunziert. Darauf hieß es: Wer da Kontakt aufgenommen hat, soll sich melden. Ich war auch dabei. Wir meldeten uns nicht, fürchteten Bestrafung. Darauf mussten alle Frauen antreten und vor ihren Baracken stillstehen. Mir wurde das peinlich, es waren ja auch ältere Frauen darunter. Ich ging also zur Lagerleitung und meldete mich. Ob sich auch andere meldeten, weiß ich nicht, jedenfalls konnten kurz darauf alle Frauen wieder in ihre Baracken zurückkehren, und danach geschah nichts weiter.

Eine Zeitlang arbeitete ich im Krankenrevier, zählte Wäsche aus und schaffte sie in die Wäscherei. Einmal hatte ich im Keller zu tun und stand plötzlich vor aufgebahrten Toten. Solange die Bahren ausreichten, wurden die Verstorbenen darauf gebettet und nicht auf die Erde gelegt. Da ich gehört hatte, es gäbe im Karzer einen Raum für Geistesgestörte, brachte ich in Erfahrung, welcher Sanitäter zur Betreuung eingesetzt war, und bekniete ihn so lange, bis er mich mitnahm. Wir liefen beide quer über den Appellplatz zum Karzer hin. In den Raum mit den Kranken ließ er mich nicht hinein, aber die Tür blieb offen, so sah ich, wie einer der Kranken auf den Sanitäter zuging und fragte, ob der ihm Schnitzel mitgebracht habe.

Als ich einmal einen Arbeitseinsatz in einem öffentlichen Oranienburger Gebäude hatte, in dem auch freie Bürger tätig waren, kam mir der Gedanke, meine Tante zu benachrichtigen. In einem günstigen Augenblick bat ich einen der »Freien«, für mich Post zu befördern. Statt einer Antwort wies er auf einen Holzstapel. Ich kapierte. Am nächsten Tag schob ich die Nachricht an meine Tante unter die Schuhsohle, um durch die Leibesvisitation zu kommen, und versteckte sie danach unter dem Holzstapel. Und wirklich, die Nachricht hat meine Tante erreicht!

Viele der Internierten sind dank ihrer »deutschen Volksgenossen« in den sowjetischen Lagern gelandet. In Sachsenhausen konnten wir mal folgende Szene beobachten: Obwohl das Lager eigentlich voll belegt war, lieferte man eines Tages einige Frauen ein. Da kamen aus der Baracke gegenüber Frauen gerannt, und eine schrie: »Ach, da sind ja unsere Schlepper!« Und sie fielen über die Eingelieferten her und verdroschen sie nach Strich und Faden. Die übrigen

Internierten standen und sahen zu, niemand griff ein, alle fanden das gerecht. Jemand muss es wohl gemeldet haben, denn es kam die Anweisung, die Prügelei zu beenden.

◆◆◆

Dann brach der Tag an, da bei uns die Entlassungen begannen. Wir hatten vorher schon leerstehende Baracken gesäubert, und nun wurden im Frauenlager einige wenige aufgerufen und aufgefordert, sich mit ihrem gesamten Gepäck am Ausgang einzufinden. Niemand ließ verlauten, aus welchem Grunde, aber nachdem im Frauenlager alles ruhig blieb, kam schon der nächste Aufruf. Und bei diesem waren wir dabei, meine Mutter und ich – war es im Mai 1948? Nun galt für mehrere Wochen Quarantäne in den gereinigten Baracken.

Ein Forum fand statt, zu dem ein Offizier aus Karlshorst mit Begleitung erschien und uns in einem Vortrag auf unsere Entlassung vorbereitete.

»Bedenken Sie, dass Sie nicht in einem Straflager, sondern in einem Internierungslager sind!«, sagte er unter anderem. Es konnten Fragen gestellt werden. Eine davon lautete: »Dürfen wir über unseren Aufenthalt in Sachsenhausen sprechen?« Die Antwort: »Selbstverständlich – wenn Sie bei der Wahrheit bleiben!« Eine weitere Frage: »Dürfen wir die Familien derer benachrichtigen, die hier verstorben sind?« – »Nein, die Toten überlassen Sie bitte uns!«

Dann war es so weit. In einem Auto geleitete uns Rudenko, der Offizier für besondere Angelegenheiten, zum Bahnhof Oranienburg. Rudenko hat sich mit Handschlag und guten Wünschen von uns beiden verabschiedet.

Gisela Fritzsche, geboren 1927

MECKLENBURG

Wir waren auf der Flucht vor den Russen, weg von Feldberg. Wir – Gerda und Inge, zwei neunzehnjährige evakuierte Berlinerinnen – und Jochen, ein gehbehinderter junger Feldberger.

Mit bepackten Fahrrädern ging es in einem endlosen Treck nach Norden. Die Nachricht von Hitlers Tod war gerade durch den Flüchtlingszug gekrochen, da wehte uns beim Ortsschild »Wismar« ein Gerücht entgegen: In Wismar steht schon der Tommy!

Freude kam in uns auf, als Jochen sagte: »Unsre Flucht ist zu Ende, ich hab hier eine Tante!« Und dann lag das Haus der Tante noch direkt an der Straße, durch die sich der Treck quälte. Die Tante nahm uns auf. Nach einiger Zeit – kein Geräusch mehr von der Straße. Der Treck war unterbrochen. Umgeleitet! vermuteten wir. Auf einmal Gepolter, laute Stimmen, Rufe. Vom Balkon sahen wir: Die Panzersperre vor der Tür wollten einige Jungen schließen, und ältere Männer wollten sie daran hindern. Plötzlich Kettenrasseln und Motordröhnen, drei Panzer standen vor der Sperre. Der Tommy! Ein Junge kam angerannt, eine Panzerfaust auf den ersten Panzer gerichtet. Uns blieb das Herz stehen. Aber schon war ein alter Mann zur Stelle, riss den Jungen um, und ein anderer kümmerte sich um die Panzerfaust. Und die Tommys – blieben auf ihren Panzern, schossen nicht, griffen nicht ein, schnappten sich nicht den Jungen, ließen zu, dass er blutend weggeschleppt wurde.

Engländer sind fair, also auch faire Sieger, dachten wir und gingen auf die Straße, wollten mit ihnen sprechen. »Hello, english soldiers! War is over, peace for you and for me«, rief ich zu den Soldaten hoch. Drei sprangen da vom Panzer, kamen auf uns zu, fassten uns an den Händen, griffen in die Ärmel und nahmen uns die Uhren und mir noch ein Armband ab. Einer von uns fragte: »Seid ihr Russen?«

In der Nacht darauf plötzlich Schläge gegen die Haustür, wenig später gegen die Wohnungstür. Die Tante öffnete, zwei Russen polterten in die Diele, klein, asiatisch, schlitzäugig, dreckig. »Uri, Uri!« und »Wodka!« schrie der eine, und der andere stieß mit seiner Maschinenpistole gegen den Türrahmen. Die Tante gab ihre Uhr hin, sie zogen ab und ließen uns ungeschoren. Wir sind sofort auf den Boden geflüchtet.

Noch in der Nacht erfuhren wir, der Tommy hatte sich aus Wismar zurückgezogen und es den Russen überlassen. Zwei Häuser hinter dem Haus der Tante verlief die Demarkationslinie.

Sollten die Strapazen der Flucht umsonst gewesen sein? Wir waren vorm Russen davongelaufen, wollten nicht von ihm eingeholt werden. Also wieder flüchten. Aber – überall in Wismar Straßensperren der Tommys. Sie wollten keine Flüchtlingsbewegung mehr. Lagebesprechung bei uns: Weg von den Hauptstraßen, kleine Gassen wählen, nach Kompass laufen, nach Nordwesten. Unsere Straße endete vor Feldern. Da kontrollierte kein Tommy. Wir mühten uns durch Ackerfurchen und Feldraine. Auf einmal hörten wir die See und standen unvermittelt an einer Steilküste.

Einige Schritte weiter – Scheinwerfer, daneben, in die

Steilküste gebaut, eine Baracke. Ein verlassener Militärposten. Eine Bleibe wie vom Himmel geschickt: vier Betten, Tisch und Stühle, ein Herd, Brennholz und Kartoffeln, eine Knüppeltreppe zum Strand hinunter und Blick auf See und Insel Poel, aber weit und breit kein Haus in Sicht.

Am nächsten Tag saßen wir drei entspannt beisammen und berieten, ob wir hier wohl bleiben könnten und wie wir Nahrung bekämen. Plötzlich Trappeln auf der Knüppeltreppe – in der Tür standen drei Tommys. Sie setzten sich zu uns, und wir sprachen miteinander. Sie erzählten von sich, von ihren Erlebnissen, ihrem Zuhause und stellten viele Fragen. Einer war so alt wie wir, der andere Lehrer, der dritte Bergmann. Nach anderthalb Stunden brachen sie auf. Der Jüngere nahm im Rausgehen unsere Kerzen mit, der Lehrer griff nach unseren Rucksäcken, steckte sich einen Fotoapparat ein und ein Fernglas, verlangte meine Halskette und vom Jochen den Pullover. Der Bergmann lehnte stumm an der Tür. Draußen machte sich der Junge an unseren Rädern zu schaffen und nahm dann Jochens Herrenrad mit.

Als es dunkel war, wieder Bewegung auf der Treppe, dann vor unserer Baracke. Vor Angst rührten wir uns nicht. Wieder Trappeln, treppab, dann Ruhe. Am nächsten Morgen fanden wir Büchsen in den Sand gedrückt, dort, wo am Vortag Jochens Rad stand, Büchsen aus der englischen Heeresverpflegung mit Brot, Wurst, Fleisch, Schinken und Schmalz. Das konnte nur der Bergmann gewesen sein, dem hatte das Verhalten seiner Kameraden offenbar missfallen.

Nach zwei Tagen waren die Wasserkannen leer. Woher Wasser holen?

Erkunden! Zum Strand hinunter! Die Steilküste verflachte sich, ein kleines Dorf, Wieschendorf. Mitten auf dem Anger eine Straßenpumpe. Aufatmen, vollpumpen – da verstellten uns vier Tommys den Weg. Einer, das Stöckchen seiner Macht in der Hand, offenbar ein Offizier, befahl uns barsch zu sich. Fragte nach woher und wohin und woher überhaupt?

»Wir sind aus Berlin.« Da flippte er förmlich aus, schrie uns in bestem Deutsch an, ließ das Wasser ausgießen, verbot uns, auch nur einen Tropfen je wieder zu holen, stieß Drohungen aus.

Wir getrauten uns dennoch zu fragen: »Warum handeln Sie so? Wir haben keinen Krieg geführt!« Da schrie er: »Ich bin Jude! Mich habt ihr achtunddreißig aus Berlin vertrieben!«

Wir konnten in unserem Paradies also nicht bleiben. Kein Wasser! Dafür Angst vor weiteren Repressalien.

Unsere Habe mussten wir nun auf zwei Räder verteilen, und dann ging es wieder über Äcker Richtung Lübeck.

In den Küstenorten saß der Tommy. Darum zottelten wir landeinwärts. In dem kleinen Dorf Bössow bekamen wir zwei Mansardenzimmer in einer Stellmacherei. Im Haus lebte eine Oma mit Tochter und Schwiegertochter nebst vier kleinen Kindern. Hier blieben wir bis in den September. Die Ernte lief, wir halfen mit auf dem Feld. Wenn das Korn eingebracht war, wollten wir weiter nach Lübeck.

Eines Nachts weckte uns Motorenlärm. Was will der Tommy um Mitternacht auf unserem Feldweg? Das Fahrzeug hielt. Sekunden später flog die Haustür auf, und zwei Russen polterten herein. Auf der Treppe zwei junge Mädchen und zwei Frauen in Nachthemden, vor Entsetzen starr wie Säulen. Als der Spuk gerade schon zwei Stufen erstiegen hatte, ging neben uns eine Tür auf, und die Oma stand auf dem Podest. Eine große, hagere Frau in kurzem Nachthemd, viel zu großen Pantoffeln an dünnen Beinen und zwei grauen abstehenden »Rattenschwänzchen«. Sie streckte abwehrend die Arme aus, wollte was sagen und machte Kaubewegungen, packte es nicht mit der Zahnprothese, und plötzlich schob die sich langsam aus dem Mund! Die Russen rissen die Augen auf, schrien was, machten kehrt, und weg waren sie. Oma hatte sie vertrieben, offenbar mit ihrer Prothese, die sie vor Aufregung nicht im Mund platzieren konnte. In der Nacht glaubten wir noch, die Russen hätten sich verfahren. Am Morgen erfuhren wir jedoch, der Tommy hatte sich bis nach Lübeck zurückgezogen.

Aus den Aufzeichnungen der Ingeborg Weiss, geboren 1926

FLORIAN

Der zweite Nachkriegssommer ging seinem Ende zu. Ich war schon neunzehn und immer noch nicht der ersten großen Liebe begegnet.

Eines Abends brachte meine Mutter einen Zettel mit Namen und Adresse mit, den ihr eine Musiklehrerin gegeben hatte. Sie unterrichtete einen sowjetischen Offizier im Klavierspiel, und dieser hatte sie gebeten, ihn mit einem jungen Mädchen bekannt zu machen, das ihm beim Erlernen der deutschen Sprache behilflich sein könnte und keine Vorurteile gegen die Besatzungsmacht hätte. Natürlich war ich neugierig, und am späten Nachmittag des 30. August 1946 stand ich zur angegebenen Zeit vor der Wohnung in der Fuststraße. Mir wurde freundlich geöffnet, und der junge Mann schlug mir in bestimmtem Ton und fließendem Deutsch vor, dass wir am nächsten Tag, einem Sonntag, zusammen zum Strandbad Wannsee fahren könnten und einen ganzen Tag lang Zeit hätten, uns miteinander bekannt zu machen. Ich sagte frohen Mutes zu, denn er gefiel mir sofort. Allerdings schien mir sein Anliegen völlig überflüssig. Er brauchte nicht Deutsch zu lernen, er konnte es schon. Offensichtlich hegte er andere Absichten und war wohl darauf aus, das Unabwendliche, seinen Dienst in Deutschland, mit dem Angenehmen zu verbinden.

Am nächsten Tag wickelte ich mir vier Scheiben Brot ein, meine Tagesration, und erschien mit Badeanzug und Handtuch am verabredeten Treffpunkt. Die S-Bahnfahrt zum Bahnhof Nikolassee verging wie im Flug. Für mich war der Berliner Westen neu, schon damals blieben die meisten in ihrem Kiez, und zum Baden fuhr man von Schöneweide aus zum Müggelsee.

In dem riesigen Strandbad Wannsee war ich noch nie gewesen, mein neuer Bekannter Florian wohl schon öfter. Als wir am Abend zurückkehrten, wussten wir schon viel voneinander.

Wir waren uns sympathisch, Sprachschwierigkeiten gab es nicht, kleine Fehler habe ich diskret korrigiert. Meine Trockenverpflegung konnte ich für den nächsten Tag retten, denn seine Tasche barg ungeahnte Schätze.

Die Mutter, eine sowjetische Militärärztin, hatte ihm mit Weißkohl und Hackfleisch gefüllte Pirogen mitgegeben. Äpfel und Pflaumen waren auch dabei, und mit Kwaß, einem typischen Sommergetränk aus Brot, Zucker, Mehl und gekeimter Gerste, konnten wir unseren Durst löschen.

Der Tag war eine einzige Aufregung für mich. Noch nie hatte ich so viele Stunden allein mit einem fremden Mann verbracht. Da bahnte sich eine Beziehung an, die ich noch nicht einordnen konnte. Der Gesprächsstoff nahm kein Ende, und ich spürte, dass es nicht der lockere Umgangston in der Jugendgruppe oder im Neulehrerkurs war, sondern eine für mich ganz neue Tonart, die mich froh und glücklich stimmte.

Die Angst vor dem nächsten Tag, an dem ich das erste Mal vor eine zweite Mädchenklasse in der roten Backsteinschule nahe der Christuskirche in Oberschöneweide treten und mich als ihre neue Lehrerin vorstellen sollte, war wie weggeblasen. Mein bis dahin eher gering entwickeltes Selbstbewusstsein als Frau erfuhr eine ungeahnte

Steigerung allein durch die Tatsache, dass ein junger Mann, klug und ansehnlich und drei Jahre älter als ich, einen ganzen Tag lang nicht müde wurde, mit mir zu reden, zu lachen, zu schwimmen, und alles ohne jede plumpe Aufdringlichkeit.

Wir verabredeten uns für den nächsten Abend und liefen dann mehrere Stunden durch die nur noch mit spärlichem Buschwerk bewachsene Wuhlheide, die in den letzten Wintern fast vollständig abgeholzt worden war.

Eingeleitet durch den Sonntag am Wannsee, begannen sofort die Probleme. Schon das erste ein permanenter Quell von Anspannung: Den Angehörigen der Besatzungsmacht war es streng verboten, Kontakte zur deutschen Bevölkerung zu pflegen. Wir waren uns schnell darin einig, dass dies kein Hinderungsgrund sein musste, uns weiterhin zu treffen.

Seit meiner Kindheit war ich gewöhnt, bei Verlassen der Wohnung zunächst durch die Gardinen und beim ersten Schritt aus der Haustür sofort nach rechts und links zu blicken, ob der Gestapo-Mann in langem Ledermantel herumlungerte, um Kontaktpersonen meiner Eltern auszuspähen. Jetzt musste ich nur aufpassen, dass ich keiner uniformierten Streife in die Arme lief. Das war ein nahtloser Übergang, der mir nichts ausmachte.

Als viel schwieriger erwies sich das nächste Problem. Und darüber vergingen noch zehn lange Tage und Nächte, in denen wir es beredeten und hin und her wendeten, bis ich dann schließlich alle Bedenken fahren ließ. Theoretisch war alles klar, aber urplötzlich wurde ich mit dem wirklichen Leben konfrontiert.

Seit einigen Jahren schon hatte ich nach der großen Liebe Ausschau gehalten, und nun? Froh und glücklich wollte ich werden, jeder sollte es sehen können . Und jetzt musste alles nur heimlich geschehen! Niemand durfte es wissen. Wie lange sollte das so gehen? Eines Tages wäre alles zu Ende, und tausende Kilometer lägen zwischen uns. Ich war mir ziemlich sicher, dass ich das nicht wollte und gewiss auch nicht ertragen könnte.

Und doch – es ist eine alte Geschichte, und wem sie just passieret, dem bricht das Herz dabei. Im Herbst 1949 war es so weit. Florian ging in seine Heimat zurück und begann zu studieren. Genauso plötzlich, wie er 1941 von der Schulbank weg in den Krieg gezogen war.

1954/55 kam er noch einmal nach Berlin und arbeitete bei der »Täglichen Rundschau«.

Wir beide waren ein paar Jahre älter geworden, und die aus alter Freundschaft wieder angeknüpfte Beziehung war deutlich von der Unmöglichkeit einer glücklichen Verbindung gezeichnet. Als die »Tägliche Rundschau« ihr Erscheinen einstellte, war seine Zeit in Deutschland beendet.

Den Jahreswechsel 1959/60 habe ich mit meinem Mann in Moskau verbracht, wir trafen Florian im Hotel und freuten uns über die Sympathie auf beiden Seiten.

1987 wieder in Moskau, besuchte ich Florian und seine Frau Swetlana in ihrer winzigen Moskauer Wohnung. Wir hatten viel zu erzählen, ich genoss die russische Gastfreundschaft und musste pausenlos essen und trinken …

Inge Maja Weiße, geboren 1927

LONJA

Berlin 1946. Fährmann Harms hatte nicht nur eine Pracht-
ausgabe Plechanow auf dem Kleiderschrank stehen, mit
der Verena liebäugelte, er hatte auch einen Angelkahn.
Den lieh sich Verena hin und wieder aus, gondelte damit
auf der Spree herum.

An einem warmen Sonntagnachmittag bat Verena
Herrn Harms wieder einmal um den Kahn und ruderte
mit Freundin Gerda und deren russischem Freund, dem
Sergeanten Boris, zum Bullenbruch, der kleinen Insel in
der Spree gegenüber dem Plänterwald, auf der die nieder-
gebrannte Ruine eines jüdischen Ruderklubs weiter ver-
rottete.

Bullenbruch war verwuchert, und im Gestrüpp fand
sich ein verstecktes Plätzchen, wo Gerda ungestört ihre
Köstlichkeiten aus der schwarzen Aktentasche holen
konnte: einen selbstgebackenen Kastenkuchen und eine
Thermoskanne Tee. Sie ließen sich im hohen Gras zum
Picknick nieder, und das Mostrichglas mit dem warmen
Getränk ging reihum.

Als die drei danach gerade hintereinander aus dem Gebüsch krochen, stürmte ein Häuflein Rotarmisten unter
Geschrei auf sie zu, sie stoben auseinander, einer der Ver-
folger rannte hinter Verena her und kriegte sie am Ärmel
zu fassen. Sie schaffte es, sich loszureißen, und stolperte in
die Richtung, wo sie das Boot vermutete. Boris hatte es
schon vor ihr geschafft, reichte ihr die Hände hin und half
ihr ins Boot.

Verena hielt nach Gerda Ausschau, sah sie nicht und ruderte los, nach Baumschulenweg hinüber, setzte Boris am Plänterwald ab, für ihn war die Situation am prekärsten, und ruderte wieder zur Insel.

Am Ufer erwarteten sie schon die Rotarmisten und palaverten, die Gruppe hatte sich vergrößert, Offiziere waren hinzugekommen. Trotzdem, Verena musste auf die Insel, musste Gerda suchen, sie retten. Die Offiziere fielen mit Fragen über Verena her, was sie auf der Insel zu suchen hätten, das sei Terrain der Roten Armee, vorgelagert dem Benzingroßtanklager Shell und Olex. Verena bemühte sich, die Lage zu klären, sie war ja wirklich ganz harmlos. Schließlich durfte sie die Insel auf der Suche nach Gerda durchstreifen, sie rief wieder und wieder laut nach ihr – keine Antwort. War sie festgenommen worden? Verena ging zum Boot zurück, sprang hinein, nestelte an der Kette, um es loszumachen, während ein Offizier unentwegt schrie, sie solle rauskommen, aber sie dachte nicht daran. Ein Soldat riss einen der Riemen aus den Dollen. Sie sollte erklären, wo das andere Mädchen geblieben war, und konnte es nicht.

Schließlich hieß es: Das Boot wird einbehalten, solange das Mädel nicht auftaucht. Das fehlte gerade noch! Das Boot war doch geliehen, Verena musste es um jeden Preis wiederhaben! Am Ende befahl ein hübscher dunkelhaariger Offizier einem der Soldaten, ihr mit dem Riemen auf die Hände zu klopfen, damit sie die Kette losließ. Vor Schmerz schrie Verena laut auf und ließ die Kette fahren, presste beide Handrücken an den Mund. Sie musste aufgeben, kletterte gedemütigt aus dem Boot und trottete mit den Soldaten quer über die Insel und über Pontons ans Schöneweider Ufer. Der Befehl war glasklar und hart:

Schaff das Mädel her zur Klärung des Sachverhalts, dann kriegst du das Boot.

Ja, wo war Gerda bloß geblieben?

Verena machte sich auf den Weg zu Gerdas Laube. Tatsächlich, sie war da.

»Wie bist du denn von der Insel runtergekommen?«

»Ich bin geschwommen.«

»Mit Sachen?«

»Mit Sachen!«

»Und mit der Aktentasche?«

»Mit der Aktentasche.«

»Dann komm mit, sonst kriege ich das Boot nicht zurück.«

»Das kannst du vergessen, ich geh da nicht mehr hin!«

»Gerda, ich muss das Boot wiederhaben!«

»Ich komm nicht mit, Punkt!«

»Dann gib mir wenigstens deinen Personalausweis, vielleicht genügt das.«

Gerda ging in die Laube und kam mit dem Ausweis zurück, er triefte.

Verena trabte zu Shell und Olex, verhandelte mit dem Posten.

Kurz darauf erschien der hübsche, dunkelhaarige Offizier, nahm den Ausweis in die Hand, wendete ihn hin und her und meinte dann spöttisch: »Warum Passport in Wasser tauchen, das war nicht nötig!« Natürlich roch er den Braten, egal, Verena plumpste ein Stein vom Herzen – Harms' Boot war gerettet.

Ein paar Wochen später traf Verena den blonden Soldaten, der ihr mit dem Ruder auf die Hände geschlagen hatte, an der Fähre Baumschulenweg. Sie warf ihm einen bitterbösen Blick zu, er aber sprach sie an und entschuldigte sich, es war ihm unendlich peinlich, aber er habe nicht anders handeln können, sein Vorgesetzter hatte es doch befohlen.

Das war der Beginn einer langen, schönen und traurigen Geschichte, die für immer Spuren hinterließ.

••••

Der Funke war übergesprungen. Verena verliebte sich in Lonja, und Lonja verliebte sich in Verena. Sie trafen sich, sooft sein Dienst und ihre Arbeit es zuließen, in dem kleinen Fahrkartenhäuschen an der Fähre, in einem halbzerfallenen Gebäude von Hühnes Gartenrestaurant »Spreeschloß«, durch das die Panzerkolonnen und der Nachschub der Roten Armee im Kampf um Berlin gerollt waren, zur Pontonbrücke hin, ein Weg, auf dem wenig später Kolonnen deutscher Soldaten zurückfluteten – Teile der 70 000 im Kampf um Berlin in sowjetische Gefangenschaft Geratenen. Sie trafen sich in Harms' Laube und auch in der Laube im Moselweg. Da saß Lonja am Küchentisch auf dem Stuhl ihres Vaters, und Verena saß ihm gegenüber an dem Platz, wo sie früher Schularbeiten gemacht hatte. Lonja bat Verena, Blumensamen und Schuhe für seine Schwester in Sibirien zu besorgen, in der Farbe »koffi s molokom«, Milchkaffee, denn ein Heimaturlaub stand bevor.

Verena wusste, da gab es eine Faina, eine Kasachin in Sibirien, die wartete auf Lonja, Verena hatte sogar ein Foto von ihr gesehen und war natürlich eifersüchtig.

Wie erstaunt war sie aber, als Lonja drei Tage vor Ende seines Urlaubs bei ihr auftauchte, in der Schönstraße in Weißensee, wo sie zur Untermiete ein Zimmerchen bei Frau Dahmes bewohnte. Er hatte Faina Faina sein lassen, war von Sibirien vorzeitig aufgebrochen und hatte beim Grenzübertritt eine klitzekleine Korrektur des Datums auf seinem Urlaubsschein vorgenommen.

Erst später ist Verena aufgegangen, wie wahnwitzig das war, welch ungeheures Risiko Lonja aus Liebe zu ihr auf sich genommen hatte!

Frau Dahmes räumte ihr Bett und zog aufs Sofa, damit Verena bei ihr im Zimmer schlafen konnte. Verena kroch am ersten Abend tatsächlich in Frau Dahmes' Bett, wenn auch widerwillig, weil der Foxterrier Jacki gewöhnt war, mit seinem Frauchen unter einer Decke zu schlafen, und das fand Verena furchtbar eklig. Jacki war verwirrt und machte Anstalten, zu Verena ins vertraute Domizil zu schlüpfen, aber die stieß ihn angewidert weg, und er schlich beleidigt davon, unter den Tisch, hatte was gegen das Sofa, auf dem Frauchen ausnahmsweise nächtigte.

Verena versuchte einzuschlafen, aber sie hörte im Nebenzimmer Schritte, unentwegt. Lonja ging auf und ab, auf und ab. So hatte er sich die Sache nicht vorgestellt. Er gab nicht eher Ruhe, bis Verena zu ihm kam, mit unters Deckbett schlüpfte, den Streifschuss, seine tiefe Narbe quer über den Rücken spürte und zu heulen anfing, weil beide wieder mal darüber redeten, dass alles mit Sicherheit bald enden würde. Unter Stalin waren Eheschließungen mit Ausländern verboten.

Wenn Verena sagte: »Und ich komme doch in die Sowjetunion, du wirst sehen!«, dann ließ Lonja keinen Zweifel daran, dass sie sich trennen mussten, aufrichtig und geradlinig wie er war. Niemals hat er ihre Hoffnung genährt, immer hielt er die Realität dagegen. Um Verena von diesem traurigen Kapitel abzulenken, erzählte er davon, wie einmal Wölfe in sein sibirisches Dorf eingefallen waren und wie sie vertrieben wurden. Verena heulte dennoch das Kopfkissen nass.

Am nächsten Abend waren in Verenas Zimmerchen Schulhefte auf dem Fußboden ausgebreitet, denn es gab nur ein winziges rundes Tischchen.

Verena unterrichtete Russisch an der Lessing-Oberschule im Westberliner Bezirk Wedding, wo in den oberen Klassen die Sprache Pflichtfach war und bis zum Abitur geführt wurde. Verena und Lonja lagen bäuchlings auf dem Bettvorleger und korrigierten gemeinsam die Russischdiktate der neunten Klasse.

Die Beziehung der beiden jungen Menschen gestaltete sich anfangs mehr als schwierig. In Verena wirkten die erduldeten Demütigungen nach, sie hielt jede körperliche Berührung, selbst wenn man sich von Herzen liebt, für überflüssig. Behutsam und geduldig versuchte Lonja, die Geschehnisse zu erklären, er redete vom unbeschreiblichen Grauen, das er und seine Kameraden auf dem ganzen langen Kampfesweg über die verbrannte Heimaterde erlebt hatten, wie die deutschen Faschisten sein Land verwüstet hinterließen und wie der Hass auf den Feind wuchs und die Wut, die nach Rache schrie. Kaum einer, der nicht Angehörige in diesem barbarischen Feldzug verloren hatte. Fast vier Jahre im Krieg an der Front, kein Heimaturlaub, keine Einrichtungen in dieser Armee wie in den westlichen für die sexuellen Bedürfnisse der Soldaten. Dazu dieses Teufelszeug, das die Sinne benebelte und manchen tun ließ, was er sonst nicht getan hätte.

Rache!

Die Amerikaner brauchten sie nicht, in ihrer Heimat hatte kein Krieg getobt, wozu also Rache?

Verena war Rache fremd. Sie meinte, jedem müsste das

Gewissen schlagen, wenn er zur Besinnung käme und ihm bewusst würde, was er angerichtet hatte.

In diesen langen Gesprächen der beiden Liebenden kam damals allerdings noch nicht die Rolle der geistigen Anstifter zur Sprache, deren Parole hieß: Schlagt die Deutschen, wo ihr sie trefft! Die Deutschen, nicht etwa die deutschen Fachisten! Da war unter anderem auch dieses schlimme Plakat »Ubej!«, Erschlagt sie! Hätte Verena all das beizeiten gewusst, niemals hätte sie später ihrem Sohn den klangvollen Namen jenes Mannes gegeben, welcher maßgeblichen Anteil an der Aufhetzung der sowjetischen Truppen gegen die Deutschen hatte und Hass und Rache anheizte, denen besonders die »germanischen Frauen« zum Opfer fielen.

⋯

Es war kein Geheimnis geblieben, dass der Soldat Lonja eine deutsche Freundin hatte, obwohl dem sowjetischen Militär der private Kontakt zu Deutschen strengstens verboten und mit Strafe bedroht war. Der Vorgesetzte wusste Bescheid und wollte diese sagenhafte Verena selbst einmal kennenlernen. Kam Verena mit der Straßenbahn dreizehn über Klingenberg angefahren und ging am alten Elektrizitätswerk Rummelsburg entlang, an den Wachposten von Shell und Olex vorüber zu den Eltern in die Laubenkolonie, so konnte es passieren, dass einer der Soldaten rief: »Katko, twoja shena idjot!« Katko, deine Frau geht vorbei!

Und marschierten die Russen allabendlich durch die Gegend und sangen ein Marschlied, in dessen Refrain es klang wie »Leberwurscht, Leberwurscht«, so wurde toleriert, dass Katko sich mal von der Truppe löste und Verena zu Hilfe eilte. Er hatte sich nach einem fürchterlichen

Gekläff umgedreht und gesehen, dass ein fremder Köter sich in Jacki verbiss, den Verena an der Leine führte.

Dann gab es Zettelchen von Lonja im Briefkasten der Eltern: Kann zum Treffen nicht kommen, muss die Frau vom Natschalnik nach Bad Brambach zur Kur fahren. Oder: Kann nicht kommen, alle gehen ins Kino. Und eines Tages die mit Bangen erwartete schreckliche Nachricht: Die Einheit wird nach Dresden verlegt.

Am dortigen Standort fand Lonja einen Zivilbeschäftigten, der seine Adresse hergab, so konnten sie sich wenigstens schreiben. Im ersten Brief, an Verenas 22. Geburtstag, schrieb Lonja auf einer Schulheftseite: »Sobald ich mich abends ins Bett lege, hab ich unsere letzten Tage vor Augen, sie haben sich irgendwie für immer in mein Gedächtnis eingegraben. Alles, was war, das wird sich nicht wiederholen. Wenn ich auch denke, wir sehen uns noch, wird nichts so sein, wie es einmal gewesen ist. Was soll man machen? Es musste ja so kommen. Sag Deinem Vater und Deiner Mutter, sie sollen nicht böse sein, dass ich mich nicht verabschiedet habe, es war nicht möglich. Grüße sie und auch Deine Schwester, Deine Wirtin … «

Verena schrieb zurück: »Alles, was war, wird sich nicht wiederholen. Ich aber werde mich damit niemals zufriedengeben! Wie gut ist es zu spüren, da ist ein Mensch, den du brauchst, vielleicht braucht er auch dich. Du lernst und arbeitest mit Lust und Liebe, und das Leben erscheint dir licht. Und diesen Menschen aufgeben? Das werde ich nie und nimmer tun, wenn auch vieles, vieles dagegensteht. Magst Du denken, das sind bloß Fantastereien … Wirst Du mir wieder raten zu heiraten? Wag es nicht!«

Ja, und dann stand eines Tages im März unverhofft Lonja in Verenas kleinem Zimmer in der Schönstraße, hochgewachsen, mit Winteruniform und strahlendem Lächeln wegen der gelungenen Überraschung. Er hatte die Stunde abgeknapst, bevor sein Zug bei einer Fahrt nach Potsdam vom Schlesischen Bahnhof nach Dresden abging.

Es blieb nicht einmal Zeit zum Hinsetzen, ein Kuss, eine kurze, glückliche, innige Umarmung, dann war Lonja für immer aus Verenas Leben verschwunden.

Ende des Monats kam noch ein Brief des Geliebten: »Bei unserer Ankunft in Dresden wurde uns mitgeteilt, dass unser Jahrgang entlassen wird, und in den ersten Apriltagen ist Sibirien an der Reihe. Wir werden uns also nicht mehr sehen, und Du hast keinen Grund, nach Dresden zu kommen … Ich kann Dir nur wiederum raten zu heiraten, obwohl Du schreibst, ich soll das nicht noch einmal erwähnen. Alles, was war und vergangen ist, bleibt nur in der Erinnerung an Dich zurück. Sei bitte nicht traurig, dass es so gekommen ist. Aber es konnte auch gar nicht anders kommen … Nun lebe wohl, wir sehen uns niemals wieder.

Ich küsse Dich innig. Dresden, den 28. 3. 1949«

Verena aber hat der Gedanke an Lonja nie losgelassen, selbst als sie seinem Rat gefolgt war und noch im selben Jahr überstürzt geheiratet hatte, um ihn zu vergessen. Ihr Mann fuhr sogar nach Dresden mit, sie stöberten die Einheit auf, und durch Zufall liefen sie an der Umzäunung Lonjas Freund Mitja in die Arme, der noch nicht demobilisiert war, weil er »swanije« hatte, einen höheren Dienstgrad also.

Mitja nahm Verenas inständige Bitte um Lonjas Heimatadresse entgegen, aber wie konnte sie nur so blauäugig sein zu erwarten, dass er sich ihretwegen in die Nesseln setzte! Unverrichteterdinge fuhr sie mit ihrem Mann aus den Ruinen Dresdens zurück nach Berlin.

Diese hastig geschlossene Ehe ging schon nach drei Jahren in die Brüche. Egoisten knausern mit Gefühlen. Menschen mit großem Herzen jedoch verschenken ihre Liebe und Wärme nicht nur einmal im Leben. Und so fand Verena, nachdem sie ihre erste große Liebe verloren hatte, eine neue große Liebe, die schön ist und anders und das Herz ausfüllt bis ans Ende ihrer Tage.

Lonja aber war nicht vergessen. Stalin hatte inzwischen längst das Zeitliche gesegnet, der bewusste Parteitag fand statt, und man konnte meinen, die Zeiten hätten sich geändert. In den sechziger Jahren also nutzte Verena ihre gute Verbindung zum Moskauer Partner ihres Verlags, bei dem sie inzwischen arbeitete, um Lonjas Wohnsitz herauszufinden.

Als Privatperson wäre sie nie an die Anschrift herangekommen, das war klar. Sie wusste, dass Lonjas Schwester seinerzeit am Medizinischen Institut von Tomsk studiert hatte. Über Moskau erfuhr sie, dass Ljuba das Institut absolviert und in einer Apotheke der Stadt Tschulym die Arbeit aufgenommen hatte. Außerdem teilte man auch die frühere Heimatadresse Ljubas in einem sibirischen Dorf des Altai mit. Aus Tschulym bekam Verena über ihren Verlag Antwort. Ljuba arbeitete nicht mehr dort in der Apotheke, sondern in Nowosibirsk, wo sie über Verenas Anfrage informiert wurde und »Hauptpostamt / Postlagernd« als ihre Adresse angab. Auf Verenas dorthin gerichtete Briefe kam nie eine Antwort. Also benutzte Verena die frühere Heimatadresse und schickte ein Schreiben an den Vorsitzenden des Dorfsowjets mit der Bitte, den beigelegten Brief an die Familie des Gesuchten weiterzuleiten. Auch von hier kam keine Antwort. Konnte es denn sein, dass Lonja sie aus seiner Erinnerung gestrichen hatte? Verena wollte und wollte es nicht glauben.

Sie schrieb von da an bei jeder Dienstreise, sei es Moskau, Kiew, Tallinn, eine offene Karte an Lonja nach Sibirien, um zu zeigen, dass da kein Klassenfeind am Werke war, sondern eine alte Freundin um ein Lebenszeichen bat.

Hätte Verena wie im Märchen drei Wünsche offen gehabt, wäre einer davon gewesen, ein einziges Mal im Leben Lonja wiederzusehen, mit ihm am Wiesenrain der sibirischen Taiga zu sitzen, ihm in die Augen zu blicken und zu sagen: So schön es damals mit uns beiden war – du hast jetzt deine Faina geheiratet und bist glücklich, und ich hab einen treuen Gefährten gefunden und bin glücklich, und unsere Liebe damals ist ein wunderschöner, unerfüllbarer Traum ohne Zukunft gewesen, den ich dennoch nicht missen möchte.

∗∗∗

Nach der großen Wende in der Weltgeschichte dachte Verena, nun ist ja alles anders, und sie schickte ein Päckchen in das sibirische Dorf. Und es geschah, was sie mehr als vierzig Jahre lang gehofft hatte: Aus dem Altai kam Antwort – von Lonjas Tochter Anja, die sich bei Babuschka Verena bedankte und vorsichtig erkundigte, wer sie denn da sei im fernen Berlin. Wohl eine Bekannte aus Vaters Armeezeit?

Der Vater sei schon 1980 gestorben, an den Folgen seiner schweren Kriegsverletzungen.

Verena war traurig, es würde also das erträumte Wiedersehen mit Lonja nicht geben, er war nur sechsundfünfzig Jahre alt geworden. Sie schrieb im Mai 1991 nach Sibirien: »Euer Brief brachte mir Freude und Trauer zugleich. Euer Papa lebt nicht mehr … wie sehr hatte ich gehofft, ihn einmal im Leben noch wiederzusehen! Ja, ich kannte Euren Papa, und ich bin ihm sehr zu Dankbarkeit verpflichtet. Wer von den Euren hatte denn zu jener Zeit schon begriffen, dass es unter den Deutschen auch Antifaschisten gab und wie sie von den Faschisten zu unterscheiden waren! Ich selber habe die Rote Armee als Befreier erwartet, aber schrecklich gelitten. In dieser für mich schwierigen Zeit habe ich durch Euren Papa, einen einfachen sowjetischen Soldaten, das verlorene Vertrauen in den Menschen, den Willen zum Leben wiedergefunden, und deshalb kann ich ihn bis ans Ende nicht vergessen. Er hat Euch sicher nicht davon erzählt, das verstehe ich. Nach einem solchen Krieg, nach diesen Verbrechen von Deutschen mochte jeder Kontakt zu den Deutschen selber als Verbrechen erscheinen. Kontakte waren verboten, und als Euer Papa von Berlin nach Dresden verlegt wurde und die Soldaten von dort bald in die Heimat entlassen wurden, blieb nur die Erinnerung an den Rotarmisten Lonja aus dem Altai zurück, den wunderbaren Menschen. Nach Stalins Tod änderte sich die Lage etwas, und ich entschloss mich, Euren Papa zu suchen, in der Annahme, dass die deutsch-sowjetische Freundschaft nicht nur auf dem Papier steht.« Und Verena schilderte ihre Bemühungen, Lonjas Wohnsitz herauszufinden. »Ich dachte daran, seine Familie hierher einzuladen, allen die Orte zu zeigen, wo er nach dem Krieg gewesen ist. Heute weiß ich, dass mein Plan nicht nur naiv war, sondern sogar schädlich für Eure Familie, und ich bitte um Verzeihung dafür! Damals hatte ich nicht bedacht, dass Kontakte mit Ausländern bei Euch noch immer verdächtig und gefährlich erscheinen könnten. Aber die Zeiten haben sich geändert, und ich entschloss mich, erneut mit Euch in Verbindung zu treten.«

Bald darauf kam Antwort … Nicht von Faina, die Lonja nicht geheiratet hatte, wie Verena mit Bangen annahm, sondern von seiner Witwe Ljuba.

Ljuba schrieb: »Unsere gesamte Familie hat über Deinen aufrichtigen, ehrlichen Brief Tränen vergossen. Liebe Verena, wie hast Du doch alles richtig verstanden! Ja, wir haben Deine Briefe erhalten, und Lonja wurde vorgeladen und verhört! Sie wollten wissen, warum und woher er Dich kennt. Und so hatten wir natürlich keine Möglichkeit, Dir Antwort zu geben …«

Obwohl Verena Ähnliches ahnte, so hatte sie doch gehofft, es wäre glimpflicher abgegangen. Eine tiefe Scham überkam sie. Mit ihrem verrückten Traum vom Wiedersehen und Gutes tun hatte sie Lonja und seine Familie in Schwierigkeiten gebracht, ihnen unvorstellbaren Schaden zugefügt. Und das Schlimmste: Sie hatte eine kostbare Erinnerung zerstört.

Verena, geboren 1927

NACHWORT

Feindberührung? Ja, sie haben über ihre Berührung mit dem Feind berichtet, all diese Frauen, die mir ihr Vertrauen schenkten und ihre Geheimnisse offenbarten.

Aber es ist nicht bei dem Blick auf die Geschehnisse am Kriegsende 1945 in Berlin geblieben, deren maßlose Verzerrung und einseitige Gewichtung im Nachhinein mich aufbegehren ließ und veranlasste, Frauen nach ihren Erlebnissen zu fragen. Er blieb auch nicht auf den Bereich Berlin-Treptow/Köpenick beschränkt, den die 5. sowjetische Stoßarmee Ende April 1945 erreicht hatte und in dem meine Klassenkameradinnen zu Hause waren, sondern er geht bis in die Jahre danach, denn es gab auch später noch immer Begegnungen mit dem einstigen Feind.

Von meinen Mitschülerinnen hatte es manche in alle Winde verweht oder vor den Russen nach Westen getrieben. Kolleginnen und Freundinnen haben mir erzählt, und der Bereich ist größer geworden, andere Berliner Stadtbezirke wurden einbezogen, auch Berichte aus anderen Landesteilen sind eingeflossen. Im Fokus aber blieb das ursprüngliche Vorhaben.

Von den vierundzwanzig mir erreichbaren Frauen haben drei nicht reagiert, von zweien wurde ich wegen meines Vorhabens arg beschimpft, neunzehn haben mir ihre Geschichte erzählt, diktiert, selber geschrieben, aber diese und jene wollte nicht in die Dokumentation, obwohl sie nicht betroffen war. Von vieren meiner Mitschülerinnen weiß ich, dass sie Übergriffe erlitten, zwei konnten den Versuch abwehren, zwei erlebten Schreckliches am Rande mit.

Bin ich aber der Wahrheit nahegekommen, wie ich es vorhatte, als ich meine Befragung der Frauen begann?

Ich habe Mosaiksteine gefunden und zusammengefügt – eine kleine Ecke des großen Mosaiks, das da heißt Ende des Zweiten Weltkriegs. Ich habe die Erlebnisse der Frauen gebündelt und gesehen, ja, es gab Schreckliches, es gab Verbrechen, aber es gab nicht die allgemeine große Massenvergewaltigung, verübt von bolschewistischen Untermenschen, auf die sämtliche Geschehnisse gegenwärtig von der Öffentlichkeit reduziert und in die Gehirne derjenigen injiziert werden, welche jene Zeit selber nicht erlebt haben. Mit Sicherheit stimmt es nicht, dass 100 000 Frauen allein in Berlin vergewaltigt wurden, mit Sicherheit war es nicht jede zweite Frau. Und mit Sicherheit war es nicht eine brutale, enthemmte Horde wilder Tiere, sowjetische Bestien, die da über die deutschen Mädchen und Frauen hergefallen ist, wie es zum Beispiel der Film »Anonyma« glauben machen möchte mit seiner Überzahl ausgesuchter, unsympathischer Typen und unentwegt grölender Soldatenhaufen.

Ich lese das Buch »Anonyma« und sehe den Film dazu. Wahrheiten? Halbwahrheiten! Nein, möchte ich schreien, das stimmt so nicht! Weil die Übermächtigkeit der im Film geschilderten Grausamkeiten viel stärker wirkt als die eingestreuten Erklärungen, die in ihrer Dürftigkeit in dem ganzen Elend untergehen. Was bleibt, ist immer wieder nur ein Zerrbild der Geschichte.

Das hat mich als Betroffene bewogen, ins Feld zu ziehen.

Lew Kopelew schreibt, es war für die Soldaten der Sowjetunion ein tragischer Sieg. Wissen sollte man, um urteilen zu können: Elf Strafkompanien waren im Einsatz, jede bis zu 1000 Mann stark. In ihnen gab es eben auch Kriminelle und Schwerverbrecher. Sie gingen vor den Kompanien her, so geschahen sinnlose Morde, und unzählige Schandtaten kamen auf deren Konto. Andere hatten eine wahnsinnige Wut im Bauch. Als indirekte Aufforderung zu Raub und Plünderung war auch der Befehl Stalins vom Januar 1945 zu werten, der es Offizieren gestattete, 10-Kilo-Pakete und Soldaten 5-Kilo-Pakete in die Heimat zu senden.

Da kam dann der Befehl zur Einstellung der Übergriffe. Sicher, es gab diesen Befehl. Aber es gab auch den Kommandeur, der diesen Befehl nicht etwa »vergaß« weiterzuleiten oder auszuführen, sondern es aus Überzeugung nicht tat, weil er Rache und Vergeltung als gerecht empfand.

Andernorts ließen Kommandeure die Schuldigen standrechtlich erschießen.

Oder sie verhinderten andererseits, dass deutsche Soldaten sowie Zivilisten sinnlos erschossen wurden. In der Dokumentation »Schlachtfeld Deutschland« von Christian Klemke kommt der ehemalige Major der Roten Armee Rjabuchin zu Wort. Er schildert, wie er noch rechtzeitig dazwischengehen konnte, als ein Mann seiner Truppe sich anschickte, so viele der auf einem Gehöft zusammengetriebenen deutschen Zivilisten zu erschießen, wie von seinen Angehörigen durch deutsche Soldaten ermordet worden waren.

Leider stimmt es, dass das Verhalten vieler Rotarmisten dem Kriegserlebnis der deutschen Bevölkerung allgemein den roten Stempel aufgedrückt hat, unauslöschbar anscheinend bis in alle Ewigkeit. Befördert von den Medien und selbsternannten Fachleuten wie Hubertus Knabe wird die Erinnerung an die »Massenvergewaltigungen der Russen im Zweiten Weltkrieg« zum dominierenden Faktor, hinter dem der welthistorische Fakt verblasst und vergessen wird, wer es denn war, der Europa vom Faschismus befreit hat. Dieses schiefe, falsche Geschichtsbild wird so an kommende Generationen weitergegeben.

Es gab keine systematisch verübten Verbrechen, wie der Historiker Knabe uns weismachen möchte. Die Handlungen waren nicht von einem vorgegebenen Verhaltenskodex diktiert, sondern abhängig von der jeweiligen Situation, geleitet oftmals von Wut und Rachegefühlen sowie einem vom Alkohol verursachten Denkunvermögen. Natürlich gab es auch Männer, die ihre Position und die Gunst der Stunde nutzten.

Bei allem ist die umstrittene Rolle des Deutschenhassers Ilja Ehrenburg nicht zu übersehen.

Natürlich wuchs der Hass auf den Feind und die Wut, die nach Rache schrie. Fast jeder hatte Angehörige in diesem aufgezwungenen Krieg verloren, war fast vier Jahre an der Front, ohne Heimaturlaub, dazu die Parolen: Schlagt die Deutschen, wo ihr sie trefft! Schlagt sie, ohne Erbarmen! Erschlagt sie! Dieses unsägliche Plakat »Ubej!« und »Nje prostitj!« Kein Vergeben! Aufgehetzt von Kampfaufrufen Ilja Ehrenburgs, der keinen Unterschied machte: Deutsche waren alle Faschisten, die »germanischen Frauen« miteinbegriffen!

Ilja Ehrenburgs Aufruf zum Töten erschien in der Armeezeitung im Juli 1942, zu einer Zeit also, als die faschistische Wehrmacht das Sowjetland verwüstete. Die verheerenden Parolen aber blieben in den Köpfen der Rotarmisten haften, stachelten weiterhin Wut, Hass und Rache an, Hass auf die Deutschen allesamt, nicht etwa die deutschen Faschisten! Wer wollte sie denn auch unterscheiden?

Und dennoch behielt jeder der sowjetischen Kämpfer sein eigenes Gesicht. Selbst nach vier Kriegsjahren war das persönliche Wesen des einzelnen Menschen nicht verloren gegangen.

So gab es bei den sexuellen Übergriffen die Brutalen, Ungestümen, Tierischen ebenso wie die Behutsamen, Zärtlichen und auch jene, die abließen nach dem Versuch – »Du Mädchen?«

Die überwiegende Mehrheit der Männer unterließ es, weil ihnen Gewalt gegen Frauen zuwider war, allenfalls suchten sie sich eine willige Freundin.

Ebenso wie Männer zu Verbrechern wurden, haben Männer auch unter den unbeschreiblichen Grausamkeiten eines Krieges, den Verbrechen abseits jeder Menschlichkeit gelitten und sind seelisch zugrunde gegangen. Das war in der Wehrmacht nicht anders als in der Roten Armee oder in der US-Armee oder sonst einer Armee im Krieg auf dieser Welt.

An dieser Stelle möchte ich meines Jugendfreundes Herbert Menzel aus der Neuköllner Weserstraße gedenken, eines empfindsamen jungen Mannes, der als Soldat der deutschen Wehrmacht die Grausamkeiten des Krieges nicht ertragen hat, der es nicht verwinden konnte, dass seine Kameraden mit Mistforken und Bajonetten in einem Heuhaufen stocherten, wo sich ukrainische Dorfkinder vor Angst verkrochen hatten.

Seine menschliche Seele konnte es nicht aushalten, was da im Krieg an Unmenschlichem geschah, und sie hat auf dieses Trauma mit einer tiefen Depression reagiert, die

meinen Freund schließlich nach Berlin-Buch ins Kranken-
haus führte, ihm Höllenqualen bereitete und ihm das Gedächtnis raubte. Er ist einer von Ungezählten gewesen, die
es wie in der deutschen Wehrmacht auch in der sowjetischen Armee gegeben hat und immer geben wird, wo
Krieg tobt. Schauen wir nur nach Afghanistan …

+++

In all den Scheußlichkeiten, die vorkamen, geht unter, dass
auch echte Liebesbeziehungen entstanden. Aber Liebe
zwischen Angehörigen der sowjetischen Armee und deutschen Frauen wurde unter Stalin als Verbrechen geahndet.
Erst recht, wenn ruchbar wurde, dass daraus ein Kind entstanden war.

Hätte Verena (»Lonja«) ein Kind von dem Geliebten
zur Welt gebracht – er wäre womöglich in einem sibirischen Straflager gelandet. Wie so viele sowjetische Männer, gleich welchen militärischen Ranges und in welcher
Position, Männer, die mit deutschen Frauen in Liebe ein
Kind gezeugt hatten und dazu standen. Das hatte auf jeden Fall Konsequenzen unterschiedlichster Art. Sobald es
herauskam, wurden sie vom Fleck weg verhaftet und in die
Sowjetunion strafversetzt oder in Straflager verbannt. Der
einfache Soldat wie der Kulturoffizier der »Täglichen
Rundschau«.

So werden deutsche Töchter und Söhne wohl noch
heute vergeblich nach ihren Vätern forschen.

Wie oft mögen Stalins barbarische Gesetze hier zer-
störerisch eingegriffen haben! Erst 1953, nach Stalins Tod,
kam ein Befehl aus Moskau, der Eheschließungen zuließ.

+++

Weitgehend unbekannt ist in diesem Zusammenhang, dass damals eine legale Möglichkeit bestand, unerwünschte Schwangerschaften nach Vergewaltigungen zu unterbrechen. In Berlin-Köpenick zum Beispiel gab es eine Ärztekommission, die nach Anhören der Frau den Fall prüfte und gegebenenfalls eine sogenannte moralische Indikation befürwortete. Der Eingriff wurde unter anderem in der Klinik von Doktor Rust in Berlin-Friedrichshagen am Müggelseedamm vorgenommen. Er war kostenlos, die Mädchen und Frauen mussten nur ein eigenes Kopfkissen in die Klinik mitbringen.

••••

Ich will sie nicht weglassen, diese Geschichte einer Feindberührung, welche sich in einem anderen Land zutrug.

••••

Seit den Weltfestspielen 1949 in Budapest verband mich eine enge Freundschaft mit Solveig aus Norwegen. Sie war ein Mensch, der sich immer und überall da einsetzte, wo Hilfe gebraucht wurde, ungeachtet der Gefahren, Nackenschläge und auch Enttäuschungen, die sie hinnehmen musste in ihrem Kampf um mehr Menschlichkeit und Gerechtigkeit in dieser Welt. Das wusste ich alles, und deshalb war ich ihr sehr verbunden. Aber erst als 2004 ihre Lebensflamme still erloschen war, fiel mir ein kleines Buch in die Hände, das noch mehr über Solveig sagte. Sie berichtet da über ihre Begegnung mit dem Feind, aber ihre Feinde waren die deutschen Besatzer ihrer norwegischen Heimat, und die Russen, die Feinde Deutschlands, das waren ihre Freunde.

Solveig in Norwegen

Im Hafen von Sandriken luden sowjetische Kriegsgefangene Sand und Kies aus. Ich sprach einen von ihnen auf Deutsch an und konnte mich mit ihm verständigen. Der Begleitposten, ein Österreicher, erwies sich als Mensch. Er gestattete, dass ich dem Gefangenen Lebensmittel übergab, die ich bei Nachbarn gesammelt hatte.

Als ein Trupp gefangener Soldaten nach Sandnes überführt wurde, radelte ich an der Kolonne entlang und warf Päckchen mit Lebensmitteln hinein – der Bewacher hastete hinter mir her, kriegte mich aber nicht. Ich raste davon, raste zum Hafen bis zu dem Schiff, wo Gefangene arbeiteten, und übergab ihnen die übriggebliebenen Päckchen. Bei der Rückfahrt hielt mich auf dem Hafengelände ein deutscher Offizier an, der das beobachtet hatte, und drohte mir mit Verhaftung.

Traurig war ich, als ich eines Tages weder das Schiff noch die Russen dort vorfand. Ich radelte zum nächsten Gefangenenlager und warf die Päckchen in hohem Bogen über den Stacheldrahtzaun.

An den Wochenenden fuhr ich von nun an mit meiner Freundin Walborga ständig die Lager in Folkvar, Somaleiren, Arsvoll und Forus ab, Rucksäcke und Taschen mit Essbarem vollgestopft.

Die Russen arbeiteten in einer Garage neben dem Friedhof. Hier lernte ich Nikolai kennen. Vor dem Krieg hatte er in Moskau studiert. Eines Tages wurde mir ein Zettel zugesteckt, der mich beunruhigte: »Guten Tag, Solveig! Heute um 3.20 Uhr wurde an der Stelle, wo Du heute warst, Nikolai schwer verletzt. Er hatte eine Karbidlampe aufgefüllt, und es gab eine Explosion. Nikolai wur-

de in die Luft geschleudert und beim Fallen über die Erde geschleift. Die Genossen eilten ihm zu Hilfe. Bewusstlos wurde er in ein deutsches Lazarett gebracht. Wir wissen nicht, wie es ihm da geht. Seine Lage ist um so schwieriger, als er dort keinen Freund an seiner Seite hat. Hilf ihm, Solveig! Im Lazarett arbeiten auch Norweger. Fahr hin zu ihm! Dein russischer Freund A.«

Ich radelte zum Lazarett und bat eine Krankenschwester, mich zu ihm zu lassen, aber ein deutscher Arzt fuhr dazwischen und brüllte: »Raus!« Dennoch brachte ich in Erfahrung, dass Nikolai nach langer Bewusstlosigkeit zu sich gekommen war, und berichtete davon in der Garage.

Nikolai wurde nach Folkvar überführt. Dort gelang es, ihm Weißbrot, Milch und Tomaten zuzustecken. Er kam wieder auf die Beine und musste zurück in die Garage. Über seine Stirn lief eine tiefe rote Narbe.

Es wurde immer schwieriger, mit den Kriegsgefangenen in Verbindung zu treten. Ein Norweger, der bei ihnen arbeitete, erklärte sich bereit, Nikolai zwei Zettel zu übergeben. Auf dem einen informierte ich über den siegreichen Vormarsch der Roten Armee, auf dem anderen erkundigte ich mich nach seiner Gesundheit. Einer davon geriet dem Wachposten in die Hände.

Kaum war ich zu Hause, da hämmerte es an die Tür – zwei SS-Männer.

»Wohnt hier Solveig Bratland?«

»Ja, aber die ist gerade nicht zu Hause«, antwortete ich mutig.

»Ist das hier ihre Handschrift?«

»Ja«, murmelte ich unsicher, beruhigte mich aber sofort, als ich einen Blick auf den Zettel geworfen hatte – es war der, mit dem ich mich nach Nikolais Gesundheit erkundigte.

»Bestellen Sie Solveig, sie soll morgen um neun auf die Polizeiwache kommen!«, befahl der SS-Mann.

Die Nachbarn rieten mir, auf ein bisschen beschränkt zu machen. Ich puderte und schminkte mich, band ein Kopftuch um, hüllte mich in ein großes Tuch und stiefelte los.

Der SS-Mann erkannte mich natürlich sofort: »Warum hast du uns angelogen? Na warte! Warum hast du an den Russen geschrieben, was geht der dich an?«

»Auf mich passt eben keiner auf«, murmelte ich ausweichend.

»Weißt du etwa nicht, dass es strengstens verboten ist, den Kriegsgefangenen zu schreiben oder mit ihnen zu sprechen?«

»Nnnein …«

Ich wurde zu dreißig Kronen Strafe verdonnert und entlassen mit der Warnung, das nächste Mal würde ich in Grini hinter Schloss und Riegel kommen.

Aber ich ließ mich nicht davon abbringen, ich fuhr weiter nach Folkvar, Somaleiren, Arsvoll und Forus.

Nach der Befreiung Norwegens luden mich die ehemaligen Gefangenen zusammen mit meiner Freundin Walborga ins Lager Vatne ein. Da hielt ein sowjetischer Offizier eine Rede und überreichte uns vor versammelter Mannschaft eine kostbar verzierte und lackierte Schatulle, die von den Rotarmisten selber und extra für uns angefertigt worden war.

Solveig Bratland, geboren 1924

Als wäre es für sie ein Klacks gewesen, so lapidar schildert meine Freundin Solveig aus Stavanger das, was sie als junges Mädchen während der faschistischen Besetzung Norwegens getan hat. Es traf sie ins Herz, als die rote Fahne vom Kreml geholt wurde in dem Land, auf das sie die Hoffnung gesetzt hatte, es würde den Weg in eine bessere Zukunft mit mehr Menschlichkeit, Brüderlichkeit, Gerechtigkeit weisen.

Mit großer Anteilnahme und Einsatzbereitschaft hat sie das Schicksal der etwa 86 000 sowjetischen Kriegsgefangenen nach deren Rückkehr in die Heimat verfolgt und die Verbindung nicht abreißen lassen. Es entrüstete sie, dass viele dieser tapferen Männer in Stalins System für Verräter gehalten und entsprechend grausam behandelt wurden. Erschüttert hat sie vom Schicksal Einzelner erfahren, so auch durch jenen Brief, den eine verzweifelte Frau an die norwegische Botschaft in Moskau schrieb.

Sehenden Auges hat sie sich in Gefahr begeben, um Menschen in Not zu helfen, denn der Befehl der faschistischen Militärverwaltung untersagte jeden Kontakt zu den Kriegsgefangenen.

An die Botschaft Norwegens in Moskau

Eine Rundfunksendung über eine Frau aus Norwegen, die Geld für Waisenkinder in Murmansk und Archangelsk gespendet hat, aber nicht genannt werden will, regte mich an, Ihnen zu schreiben …

Mein Vater Sagit Malikow ist schon in den ersten Kriegstagen 1941 in Hitlers Gefangenschaft geraten. In wie viele Lager Europas hat man ihn gesteckt, in Polen, Ungarn, der Tschechoslowakei, schließlich ist er in Norwegen, in der Stadt Stavanger gelandet. Er erinnert sich, dass gegenüber dem Lager ein Berg war, aus dem in der Nacht geschossen wurde und starkes Mündungsfeuer zu sehen war. Die Gefangenen mussten im Steinbruch arbeiten, wurden in Kolonnen hingeführt. Viele konnten vor Hunger und Auszehrung nicht laufen, aber umfallen bedeutete den Tod – sie wurden sofort von den deutschen Bewachern erschlagen. Daher wurden jene, die nicht laufen konnten, von ihren Genossen geschleppt.

Norweger warfen aus ihrer Deckung hinter Steinen den Gefangenen Fisch und Brot zu. Deutsche Maschinengewehrschützen aber feuerten erbarmungslos auf die Norweger. Wenn es denen nicht gelang, rechtzeitig in Deckung zu gehen, wurden sie erschossen. Papa erschütterte, dass norwegische Menschen ihr Leben für die Gefangenen riskierten. Ihre Güte hat mein Papa niemals vergessen … Unser Papa, ein starker, mutiger Mensch, brach in Tränen aus, wenn er sich an die Jahre der Kriegsgefangenschaft erinnerte, an die Leiden in Hitlers Hölle …

Papa ist am am 11. April 1987 im Alter von 76 Jahren gestorben. Nach der Befreiung durch die Amerikaner ist er in einer Arbeitskolonne des NKWD in den Norden des

Irkutsker Gebiets geschickt worden, das heißt, er wurde als ehemaliger Kriegsgefangener Repressalien ausgesetzt.

Dort sind wir geboren, meine Schwester im Jahre 1947 und ich 1950.

Papa lebt nicht mehr, aber seine Liebe zu den Norwegern und der norwegischen Frau, die Gefangene unter Einsatz ihres Lebens gerettet hat, die ist uns geblieben ...

Gebiet Irkutsk
15. 1. 1999
Nakilija Sagitowna Malikow, geboren 1950

Indem ich die Erinnerung an die Geschehnisse endlich zulasse, kann ich mich von lebenslanger Last befreien. Hass und Rachegefühle sind mir fremd, weil ich mein persönliches Erleben in den großen Zusammenhang des historischen Geschehens stelle, und daher drängt es mich, die Ursachen für dieses Unglück ins Blickfeld der Menschen zu rücken, die jene schlimme, ferne Zeit nicht erlebt haben. Damit sie sich ein Bild machen können, das der Wahrheit nahekommt und ihnen ein annähernd gerechtes Urteil über das Vergangene ermöglicht.

Vera Albrecht

ISBN 978-3-360-02156-4

© 2013 Verlag Das Neue Berlin, Berlin
Umschlaggestaltung: Verlag, unter Verwendung
eines Fotos aus dem Archiv des Berliner Verlags
Druck und Bindung: Multiprint, Bulgarien

Ein Verlagsverzeichnis schicken wir Ihnen gern:
Das Neue Berlin Verlagsgesellschaft mbH
Neue Grünstraße 18, 10179 Berlin
Tel. 01805/30 99 99 (0,14 €/Min., Mobil max. 0,42 €/Min.)

Die Bücher des Verlags Das Neue Berlin
erscheinen in der Eulenspiegel Verlagsgruppe.

www.eulenspiegel-verlagsgruppe.de